名典名选丛书

大家读老子

尹振环——著

北京出版集团
文津出版社

图书在版编目（CIP）数据

大家读老子 / 尹振环著 . — 北京：文津出版社，
2023. 9
　（名典名选丛书）
　ISBN 978-7-80554-775-6

　Ⅰ. ①大… Ⅱ. ①尹… Ⅲ. ①道家 ②《道德经》—研
究 Ⅳ. ① B223.15

中国版本图书馆CIP数据核字（2022）第 050329 号

总　策　划：安　东　高立志
责任编辑：乔天一
特约编辑：白　静
责任营销：猫　娘
责任印制：陈冬梅
封面设计：田　晗

名典名选丛书
大家读老子
DAJIA DU LAOZI
尹振环　著

出　　　版　北京出版集团
　　　　　　文津出版社
地　　　址　北京北三环中路 6 号
邮　　　编　100120
网　　　址　www.bph.com.cn
总　发　行　北京出版集团
印　　　刷　北京华联印刷有限公司
开　　　本　880 毫米 ×1230 毫米　1/32
印　　　张　10.75
字　　　数　230 千字
版　　　次　2023 年 9 月第 1 版
印　　　次　2023 年 9 月第 1 次印刷
书　　　号　ISBN 978-7-80554-775-6
定　　　价　58.00 元

如有印装质量问题，由本社负责调换
质量监督电话　010-58572393

作者尹振环先生与夫人颜扫云女士合影

今本《老子》将被取代（代前言）

有学者撰文《中国人首先要读的两本书：〈论语〉和〈老子〉》，提倡大众阅读《老子》，这个主张很正确而及时。不过，当前《老子》版本共分楚简、帛书（甲乙两本）、西汉竹书、今本四大类，最好读哪类呢？楚简《老子》抄写于战国中期，只两千字，仅及帛本、今本（均五千字）的百分之四十。从这一点看，显然要读足本的帛本、西汉竹书、今本三类《老子》，楚简本只好留作研究或参考用。那么，帛本、西汉本、今本《老子》，哪一类最可信？时至今日，在这个问题上，我们不能再含糊其词了。《老子》是无数历史经验教训的结晶，它是中国也是全世界最早的政治道德理论，其中有不少观点普适于古今中外，乃是国之重典。因此，回答这个问题也必须慎重。

一、天佑《老子》，赐给我们未经篡改的古本《老子》

二十世纪七十年代初，长沙马王堆出土了古代女尸及大量随葬文物，真是世界绝无仅有之奇迹。马王堆出土文物能保存于地下两千多年，仍基本保持完好，一是因为它深埋在地下12至14米处，无盗墓之忧。二是因为墓穴密封极好，无气、无氧、无菌，乃至出土时，女尸的肌肉、内脏、骨节，依然柔软，连肠内未消化的甜瓜子，也清晰可见，完全不同于干木乃伊，所以随葬的古文物受损不重。出土文物中，有早已失传的《黄帝四经》（系

《经法》等四篇古文献的合称）、《太一生水》等重要文献，更宝贵的是还出土了所谓"帛本《老子》"，即《马王堆汉墓帛书老子》甲、乙本。分别抄写于战国末与西汉初的这两部帛书虽有侵蚀残损之处，但以两本互补，仍能基本完整地展现当时《老子》文本的面貌。这样一来，我们不仅可以对"黄老之学"产生较为全面的了解，而且还得到一部距祖本最近的《老子》文本。无怪乎高亨先生对出土不久的帛本"略加校勘"后，就断言"多优于今本"。试想，我国其他出土之先秦文献能有比这更完整的吗？恐怕是很罕见的。

又过了二十年，1993年10月，在湖北荆门市郭店村又出土了楚简《老子》。它只有两千字，而且结构布局完全不同于今本和帛本。如果说帛本是天赐的《老子》正本，那么楚简本则是天赐的副本了。它对于研究《老子》一书的形成，以及探究老子其人，具有极大的启发作用，而且对纠正帛本错讹意义极大。根据帛书《老子》，能够证明今本《老子》一是错讹不少，二是遭人为篡改严重。而楚简本《老子》又能够进一步证明帛本《老子》已出现不少讹误。在简、帛两本中，不仅有不少惊人之笔，而且证明今本有一系列惊人之误、惊人之错、惊人之讹。如果再用楚简《老子》纠正帛书《老子》之错讹，今天岂不可以完全说：帛本优于且真于今本吗？它可以成为今本《老子》的"校正器"，校正其中人为与非人为的讹误，因为它是未经篡改的古本。

2012年12月，又出版了汉武帝时期的西汉竹书《老子》，其篇次与帛本相同，文字也基本相同，个别文句有改进，胜于诸古本，也是无篡改本。这一来，完全证明今本是经过后人颠倒与篡改的。推出"以古为尚"的"四古本（即帛书甲本、帛书乙本、楚简本、西汉竹书本）"综合版《老子》，是一件顺理成章、势在必行的要事，古本《老子》必将取代今本《老子》。

二、今本《老子》产生错讹的客观原因

所谓"今本"，主要指自汉、晋、唐、宋以来，流行了一两千年的河上公、王弼、傅奕、范应元的八十一章本，而当代最流行的是任继愈先生的《老子今译》，陈鼓应先生的《老子注释及评介》。

河上公、王弼、傅奕、范应元这四个主要传本，由于客观历史条件的限制，产生种种不可避免的讹误：

1. 战国时期文字不统一，传抄《老子》不外乎口耳相传，口传手抄，出错难免。

2. 当时通用字少，大量使用假借字，如"青"，可以是本字，但也以假借为情、精、清、请、睛……变为本字时少不了出错。

3. 口传《老子》，因传述者语音不一、学力不一，难免出错。

4. 秦汉统一文字，即变六国文字为秦篆、汉隶书，《老子》也会随之统一。在此过程中，文字与字体的转换容易出错。

5. 刘向为《老子》定篇分章，校雠文字，因客观条件限制，所据仅只有不多的几种传本，未能遍见诸本。

6.《老子》传本逐渐增多，抄写者据多种传本的传抄，因理解力不同，难免妄改个别字。

7.《老子》成书以后，主要用竹简抄录，年代久远，错简难免。也许个别传本是篇次颠倒的、章序错乱的，断句不免有错。

8.《老子》成书时，尚无明确的篇、章、节概念，更没有标点符号，所以今本《老子》部分章节存在分章错误，且难免因分章错误造成对文义的误解。

9. 在当时，字书尚属初创阶段。秦始皇统一天下，推行"书同文"的政策，李斯等作字书《仓颉》等篇，凡五十五章，共三千三百字，还包括重复的字。现在《汉语大辞典》，共收五万六千余字，加上其他注音、造词、注释等内容，共计两千余万字，可以想见，当时的条件太简陋了，出现差错在所难免。

10. 道教兴起，尊奉老子为教主，为适应宗教的需要，对个别文字作了相应的改动，如"王大"改为"生大"，后再改为"人大"。

可见，客观历史条件决定了今本《老子》难免会存在一些错讹，有的差之一字，失之千里。比如帛本、今本之"治人事天莫若啬（治理天下莫若吝啬精神）"，而楚简本作"给人事天莫若稿（富足人民，事奉上天，没有比务农更重要的了）"，含义相去甚远，如此重要的文字差异，需要用简本校正今本的文句，才能纠正。但总的来说，因历史条件产生的错讹，对《老子》大局损伤不大；而唐玄宗对《老子》的改造则是伤筋动骨，几乎无不是牵涉《老子》核心思想的。

帛本、楚简本、西汉竹书《老子》先后出土，虽然它们都是传抄本，但却是未经有意篡改的古本，具有无可置辩的优越性：一是后人尚未因受帝王文化的影响对其进行篡改，二是《老子》

尚未成为道教经典，受到宗教性质的改造。这种古人无缘得见的文献出土，正有利于重新审视《老子》，对我们来说，确属天赐良机。同时，我们还完全可以利用古人无法比拟的条件——包括大量字书，如新出版的《战国文字编》、《楚文字汇编》、包山、郭店、马王堆、银雀山等文字汇编等，以及基于楚简本、帛本的大量研究成果——深入研究四古本《老子》，全面校订《老子》，纠正种种人为造成的错讹，改正在客观历史条件下难免形成的错讹，何乐而不为呢？

现在，我们需要告诉读者：以往读《老子》者，几乎都读的是河、王、傅、范等"今本"《老子》。其中有很多问题，如以章节计，可以说今本百分之七十的章中都有讹误。

三、唐玄宗制造了《老子》错案

笔者曾出版过一本专著：《今本〈老子〉五十七个章中的模糊点》。此书逐章分析八十一章的今本《老子》，含有错讹的章，竟占百分之七十。它是客观历史条件形成的？还是人为制造的呢？当时我认为二者兼而有之，后来想到《孙子兵法》《论语》《管子》《韩非子》等传世文献，为何没有发现很多讹误，而《老子》却偏偏出现整体结构布局与章序的错乱，还有文字遭到篡改的种种痕迹呢？经过研究，我发现是唐玄宗窜乱《老子》文本，制造了这一错案。

《孙子兵法》《论语》《管子》，这些著作与帝王的利益并无矛盾，而且有利于帝王，所以绝不会遭受被篡改的厄运。而

《老子》则不同，它有许多论点是规谏帝王的，有的甚至是诟病帝王的，细读帛书《老子》，会发现"德篇"中有九章，"道篇"中有两章，是帝王不愿意听、文人又不敢挑明的内容。这十一章无不受到"改造"，导致语义模糊。比如"皇恩浩荡""君王圣明，臣罪当诛"之类的话，是帝王时时都在听的，而古《老子》开篇即说："上德不德，是以有德。"即君上有德而不敢以德自居、自利、自傲，这岂不是在唱反调？《老子》一再倡导侯王（帝王）要自识（自名）、自称（自谓）自己为无德之人（孤）、少德之人（寡）、不善之人（不穀），可帝王无时不被臣民称之为"圣上""万岁""奉天承运"，哪能让帝王自称自己是无德之人、少德之人、不善之人呢？可想在"万岁"不离口的环境下，帝王是绝对不会默认这一主张的。至于《老子》的"善者不多，多者不善"，是直指侯王与统治阶级的：君上、为政者的道德与决策达于善的太少。借用鲁迅的话说："历代皇帝基本没有好东西。"这对于绝大多数帝王是无法接受的，而这些又都集中在《老子·德篇》的前九章中。因为有这些"问题"，《老子》遭到篡改与调整，也就不奇怪了，系统、全面地完成这一工作的则是唐玄宗。

天宝元年（742），唐玄宗"提拔"自认的老祖宗（老子）为玄元皇帝，升入上圣（《旧唐书·礼仪志四》），又专门颁布《分道德经为上下经诏》，决定一律以"《道经》为上经，《德经》为下经"（《全唐文》卷三十一）。统统把《老子》的篇次颠倒过来。从此以后，《老子》的开场白不再是"上德不德"，而是"道可道，非常道"了。这一举动看似小题大作，却可谓深含权谋，一举两得：第一，"德篇"有触忤帝王嫌疑的九章都被押后，解读者又不敢挑明文义，《老子》说教的重头部分就被模糊了。第二，经过这次调整，《老子》的章次发生变化，文章理路被打乱，原本具有全书总结性质的末章也发生了变化。比如帛书《老子》的末章含义是劝导侯王，安守无名，切勿求名取辱，具有总结性质。经过唐玄宗颠倒篇次，结语章成了中间章，加上文字又遭篡改，总结的话就此不见了。第三，在颠倒章次的同时，有碍皇权威严的关键文字被修改了，比如"善者不多，多者不善"被改为"善言不辩，辩言不善"，而且与有碍大一统的"小国寡民"章一起，被从《老子》的中间部分调到最末两章。同时，唐玄宗还用"圣旨"下令"一宁辞措"，将尚有讨论余地的字、句与分章统一固化下来。至于《老子》其他的一些思想内容，比如倡导侯王"善下""不争""好静""身后""无名（绝不争名）"，也是唐玄宗不爱听的，不然，他也不会穷兵黩武、沉湎声色，大兴土木，引发安史之乱。天宝十三载（754），唐玄宗朝献太清宫，再上玄元皇帝（即老子）尊名为"大圣祖高上大道金阙玄元天皇大帝"，贴金之厚，吹捧之高，无以复加。他又想到，为什么不可以将约束侯王政治道德的《老子》变成约束人民的哲学呢？于是他将《老子》缩写为二百多字的人生哲学即《通微道诀》（这是陕西的新发现），颁发全国。这两件事，在我看来，是唐玄宗对《老子》的两大负面影响，可以说，唐玄宗制造的《老子》错案，使《老子》首尾异置，面目颠倒，不明不白一两千年。

自然，文人在这个问题上也有一定责任。随着皇权的强化，文人不得不慎之又慎，"顾左右而言他"，讳言秦汉时所谓"君人南面术（术者，道也，君上帝王之政治道德也）"。将史官总结历史经验教训、用以规谏侯王的《老子》引向养生哲学、炼养之说，以及虚无为宗的玄学，它的政治哲学性质则被一再淡化。《老子》本来说"吹者不立"（浮夸吹嘘是站不住的），但封建统治者时时都得浮夸吹嘘，没有这些，就不能维持自己的统治，所以"吹者不立"被妄改为不痛不痒的"企者不立，跨者不行"。类似这样的事，也许就是文人迎合造成的。

帝王干预学术的举措，自古以来还有许许多多。秦始皇的焚书坑儒开其端，朱元璋读《孟子》，对"民贵君轻，社稷次之"等文字感到十分气愤，下令删改，并撤去孔庙中孟子"亚圣"的牌位，也是一例。唐玄宗之举绝非空前绝后啊！

四、四古本综合版《老子》的七真七优

从1976年起，我开始潜心钻研帛书《老子》，三十八年来在大小报刊先后发表了有关论文一百六十余篇，出版了有关帛书《老子》的八本专著，即在贵州人民出版社出版的《帛书老子释析》《帛书老子与老子术》《今本〈老子〉五十七个章的模糊点》，中华书局出版的《楚简老子辨析》，商务印书馆出版、收入"国家社会科学基金成果文库"的《帛书老子再疏义》《重识老子与〈老子〉——其人其书其术其演变》，香港天地出版公司出版的《帛书老子今译》，以及香港《弘道》出版的《必须推翻唐玄宗钦定的〈老子〉错案》。上述论文与专著逐一考证了帛

书、楚简、西汉竹书《老子》的每一个字，同时考证了四古本与今本的篇名、分篇、分章、章次、使之变得清晰了，比今本《老子》更条理分明。它证明了四古本在七个方面真于、优于诸今本《老子》：

1.古本《老子》未经帝王篡改、未受帝王文化影响

已如前文所述。

2.古本《老子》篇名真于、优于诸今本《老子》

《史记》只是说"老子修道德，著书上下篇"，所以如用"道德"二字命名《老子》这部书，并不走调；但用"道""德"或"道经""德经"来命名上下篇，则不合适。因为《老子》上篇与下篇都是通论道德的，并非哪一篇专门论道或专门论德。用古人的话说，则是："道德混说。""道中有德，德中有道。""夫道德连体，不可偏举。"如上篇"德"、下篇"道"各有十八章谈到"道"，为什么要将哪一篇专门定为论道篇或论德篇呢？《论语》的《学而》篇是取首句"子曰：学而时习之"中的"学而"二字，并非通篇论"学而"；同样，帛书《老子》乙本上下篇末所标"德""道"二字，不过是取首句中的一字罢了，并非实指。西汉本《老子》明显称"上经""下经"，后来人们才在帛本之"德""道"二字基础上又加上了"经"字，成了篇名。这不仅名不符实，而且由此误导出另一种"道"上"德"下的传本同时传世，进而导致不少文字遭到篡改。这种误导之举，不可再有了。

3.古本《老子》篇次真且优于诸今本《老子》

帛书《老子》甲、乙本不是互抄本，而是抄写于秦汉两个

不同的朝代、依据不同的传本，西汉竹书本《老子》上下篇次标得明明白白，即"德"上"道"下。这三个传本的篇次居然都是"德"上"道"下，这才使人们更清楚地意识到，韩非《解老》《喻老》所据本，以及严遵本和王弼本，应该都是"德"上"道"下的。唐玄宗把篇次颠倒，就像一幅画被颠倒变形。何不依据四古本恢复《老子》原貌呢？

4. 古本《老子》章次没有错乱，今本《老子》有十章的章次错乱

篇次颠倒，自然章次跟着全部错乱，又有十章是出于人为调整而排错章次，这自然要损伤、破坏对文义的理解。帛书《老子》刚一出土，整理组就认定，帛书《老子》章次排列是合理的，乃古之原型。西汉本章次排列除个别章外，与帛本同，再次证明古《老子》章次排列优于今本。

5. 古本《老子》分章正确，今本《老子》有四分之一的章节分章错误

通过观察帛书《老子》的分章点，可以证明今本《老子》四分之三的分章是正确的，四分之一的分章是错误的，不符古貌。而楚简《老子》证明，连帛书《老子》也已出现分章错误。同时，楚简《老子》分章点多于帛本，完全可以据它审定帛本的分章。西汉本《老子》分为七十七章，依据"以古为尚"的观点，用楚简、帛书《老子》的分章对其加以校正，可以看出今本大多数章的分章方式是对的，与楚简、帛本分章相符，只有十六章要一分为二、为三，甚至分为更多章。总的来看，古本《老子》绝非目前的八十一章本，应在百章以上。两章或多章并为一章，一

章分作两章或多章，其含义必然不同，甚至大相径庭。今本《老子》的许多章是两章或多章合并而成的，它模糊或掩盖了老子的某些重要思想。从这一点看，古本《老子》的分章显然真于、优于今本。

6. 古本《老子》文字谬误大大少于诸今本《老子》

粗读帛书《老子》，似乎与今本《老子》出入不大。其实差别不小，不算那些文句有异但文义相同的文句，单含义存在差异的文句就有百余句之多。五千言《老子》，总共不过千余句，今本《老子》与帛书《老子》竟有一百多句有差异。而且，根据楚简《老子》，又可证明帛书《老子》也出现了不少讹误，有的只差一字，但文义全非；有的或衍、或脱、或增一字，意思尽失；有的则是整句或数句之误。其中既有明显遭到后人篡改之处，也有许多是辨认假借字时造成的问题，这自然会影响到对《老子》许多论断的理解，乃至掩盖其重要思想。古人早就认识到："书三写，鱼成鲁，帝成虎。"五十年前，高亨先生说："古文以简载，字以声传，义以口授，其书传者益多，异文异义亦益繁。""《老子》原书，当无二本，其异文间出者，或由于字音之遭转，或由于移写之娱误，或由于读者之擅改，历时远，难溯其初。"所谓"当无二本"，是指祖本、定稿本，后来流传开来，必然出现许多抄本。文字的脱衍与传讹，篇章的错乱，异本、异句、异文、异说、异化，绝难避免。而且秦代及汉初，通行文字较少，许多字都是假借字，这些假借字复原为本字时，不少走了样，改变了作者初衷，增多了异文异义。而帛书与楚简、西汉竹书本《老子》的出土，改变了"益繁"的程度，也大大缩短了"难溯"的距离，能成为"溯源"的一个新起点。

7. 综合四古本《老子》，再吸取今本之长，必将产生一部最古、最真之《老子》

经过历代的校勘、注释与文饰，今本《老子》文字流畅、规范，不少胜于四古本《老子》，在整理综合四古本《老子》时，为什么不能吸收今本《老子》之长呢？这样一来，综合版古本《老子》必将成为最古、最真、胜过今本的《老子》，并必将取代今本《老子》。这样一来，西汉时《老子》所谓"君人南面术"的面貌才能完全呈现。

五、问计于读者、求教于专家

笔者考证帛书《老子》的专著，先受到全国著名老学专家任继愈、张松如、胡曲园、潘雨廷诸先生及台湾专家的赞誉，后来又受到李学勤、熊铁基、孙以楷诸先生及港台专家的赞誉，更重要的是得到美国艺术和人文科学院院士、美籍华人学者何炳棣先生的高度赞誉。何先生对我有知遇之恩，而且实际上是我的恩师，2002年5月8日，何老教导说："应考虑你几十年治学之主要目的：对《老子》先后版本作出最精微确切的考订，然后出一综合版，以期被举世公认为标准本、标准参考书。如以此为最大、最实际之目的，则你已做的工作只需要〔将〕若干细处再修正，全部版本重新排列，作综合的〔辨析〕即可。"正是本着这一目的，我申请到国家课题，由商务印书馆出版了两本专著，并由贵州人民出版社出版了《今本〈老子〉五十七个章中的模糊点》。

但是上述专著内容太"专"、学术性强、不通俗，非业内人士很少问津。何况书篇幅太长、价格太高，无法普及。2012年，西汉竹书《老子》的出版，促进了本书的诞生。本书是七八本关于《老子》拙著的高度浓缩，特别是凸显了唐玄宗对《老子》的篡改，全书文字约二十万，定价不逾百元，更加符合大众读者的阅读需求。

最后，想以此拙著问计于读者：这样做行吗？有哪些要改进的？此其一。

其二，向专家同行求教，这样做可以吗？热切盼望指教。

综合版古《老子》，能不能取代今本《老子》，需不需要取代诸今本《老子》？

乞读者教之！请专家学者教之、改之、示之！

尹振环

1976年，我读《马王堆帛书老子》，花了近二十年时间，写出《帛书老子释析》，其副题就是"帛书老子将会取代今本老子"。到了这本书出版时，又用了近二十年。此前言写于2008年12月25日，经过五次修改，2014年3月16日改定，2016年12月25日又改。2017年元旦至7日再次审读修改。

凡　例

孔子也是"热心救世""知其不可而为之的"圣人，他鉴于"君不君，臣不臣，父不父，子不子"提出一套"君君，臣臣，父父，子子""克己复礼"以及为人、为学、为政的说教，弟子们分别将他一生的言行编纂成书，谓之《论语》，共11750字。然而总计5284字的《老子》与《论语》不同，它是出自史官的"专著"，分篇、分章（后人再分句），系统完整，有前言，有后序，条理分明，用《汉书·艺文志》的话说："出于史官，历记成败存亡祸福古今之道，然后知秉要执本，清虚以自守，卑弱以自持，此君人南面之术也。"所谓"秉要执本"之"要"之"术"，既有政治技巧，也有经济、军事、外交手段，以及君上怎样为政交友等说教。可谓向君上系统进言之书，四古本综合本《老子》就是这样一部未经篡改的向君上的建言书。所以本书的体例与《论语》完全不同。

一、四古本中楚简《老子》最古，虽然只有两千多字，但是在此基础上发展为帛书甲本（书中称"帛甲本"）、帛书乙本（书中称"帛乙本"）、西汉竹书（书中称"西汉本"）、与今本《老子》。本次整理，根据"以古为尚"的原则，排定次序为楚简本、帛甲本、帛乙本、西汉本，综长去误，取长补短，疏义从简，综合四古本之长，极个别处吸取今本之长。每章下列注文并译为白话。

二、《郭店楚墓竹简老子》（简称楚简本）抄写时间较帛书早百多年，是迄今最古本。楚简《老子》证明帛本、今本《老子》有四章（今本四十五、五十九、十七、十八章）有惊人讹误，所以本书订文取楚简本之释文，而在注中说明帛本之文字与讹误。简本文字均取自2001年7月中华书局出版《楚简老子辨析》一书【订文与译文刍议】中之释文部分。

三、《马王堆汉墓帛书老子》甲本抄写时间早于乙本，且其分章点为乙本所无。因此，本书所载帛本《老子》以甲本为底本，其已损部分用乙本补足。甲、乙两本俱缺的个别字，用楚简本、或西汉本补入，极个别处用唐代傅奕校订的《道德经古本篇》（明正统《道藏本》）补入。

四、帛书《老子》取自文物出版社1976年3月第一版《马王堆汉墓帛书老子》。省去对异体字、古体字、假借字、夺字、衍字的辨析。

五、西汉竹书《老子》取自上海古籍出版社2012年12月出版之《北京大学藏西汉竹书·贰·老子》。

六、帛本、西汉本《老子》皆分为两篇，篇次为"德"上"道"下。本书遵照此一顺序，以"德"为上篇、"道"为下篇。

七、分章原则：

1. 本书依据楚简本、帛书甲乙本、西汉本四种古《老子》的分章，参照《论语》、新出土之《黄老帛书》等文献，完善《老子》分章。

2. 帛书、西汉本《老子》皆分七十七章，综合本标明西汉本之章次。帛书甲本用圆点作分章符号，本书全部保留原分章圆点，标以"●"。

3. 楚简本《老子》分章符号有"▄""▃""∫"，可以弥补或证明帛书分章的，全部照录，以资旁证。

4. 楚简本、帛本都没有分章符号的，则用今本八十一章之分章补之，标以（●）。

5. 根据帛本与楚简本《老子》推证今本《老子》分章不符古貌，需要推敲再分（即需要添加分章点）的，标以（●？），然后按照帛本排列顺序编以一、二、三、四……

6. 每章用一两句话，概括其章之中心思想，作为该章标题。

八、凡楚简本、帛本优于今本的章，在该章注①中注明何处优于今本。凡与今本《老子》文字、诠释相同之章，不作任何标注。

目 录

大家读老子

大家读老子

上　篇

一①

敦厚朴实，利天下而不敢自利

（●）上德不德，是以有德②；下德不失德③，是以无德。上德无为而无以为也④；下德为之而无以为⑤。上仁为之而无以为也，上义为之而有以为也，上礼为之而莫之应也，则攘臂而仍⑥之。故失道。失道矣⑦而后德，失德而后仁，失仁而后义，失义而后礼。夫礼者，忠信之薄而乱之首也。前识者，道之华也，而愚之首也。是以大丈夫居其厚而不居其薄，居其实不居其华。故去彼取此。

【注释】

①此章乃今本三十八章，是帛书乙本之首章。颠倒篇次之后，它成了今本的中间章。严可均曰：《老子德经》，王弼作《老子德经下篇》此章为今本下篇首章。

②③历来释"上德"为上德之人、有德之人；"下德"为下德之人、无德之人。从帛书增减的文字看，"上"指君上，绝非"高上"之上，"下"指人民。道家认为燧人氏以前的社会乃是至善之世，三代之后开始堕落。《鹖冠子·世兵》说："五帝在前，三王在后，上德已衰矣，兵知（智）俱起。""上"即君上。所谓"不德"，即《说苑·复恩》说的：

"夫施德者贵不德"，即有德不以为德。而"下德不失德"，即人民有德没有丢失纯朴之德。"是以无德"——也就无所谓德与不德。这与孔子的思想是一致的。《论语·泰伯》："巍巍乎！唯天为大，唯尧则之。荡荡乎！民无能名焉。"孔子对于行事以天为准则的帝王，一再赞以伟大、崇高，备加尊崇，可见对"上德不德"是何等向往。孔子思想是否是对《老子》思想的借鉴，发挥？值得研究。下一章提倡德要纯一，是否与孔子有关，也值得玩味。

④诸本多作"无以为"，帛书乙本末有"也"字，也有作"无不为"。何为"无以为"？即无以私为。《管子·乘马》："无为者帝，为而无以为者王，为而不贵者霸。"韩非《解老》及范应元释"无以为"为"非求其报也""非以要誉也""无所为而为之也"，它与"不德"义近。而"无不为"即无所不为。从帛本找不出"无不为"三字。楚简本《老子》虽有"无不为"，但它在另外的章，含义亦不同。

⑤即：人民也不会以德为私。此句为西汉本所加。

⑥帛书乙本作"乃"。《说文》："仍……乃声。"即"乃"是"仍"之同声假借之省写。王、傅、范等本作"扔"。扔虽有"引"意，但有"强行"之意。所以有人译"攘臂而扔之"为"扬着胳膊，使人强从"。《韩非子·解老》所说的"众人虽贰，圣人之复恭敬尽手足之礼也不衰"，即"仍"，依然也。礼而别人不应，依然彬彬有礼，无强从之欲，而有"引导"之意。

⑦帛书甲本有"故失道"三字（影印本脱此三字），且下句多一"矣"字。这些字至关重要，是上述各句之总结。上古之君上，德而不知德，不以德自居；仁而不以仁为私，为礼得不到回应，仍然执礼如故。后来之君上，不德而德，不仁而仁，己不礼却强人以礼，"故失道"。此句

加重语气，有助理解前半部分之文义，有画龙点睛之妙。

【译文】

　　〔上古的〕君上有德而不敢以德自居、自利、自傲，所以有德；人民并未失去纯朴的德性，所以无所谓德与不德。君上之德无私为，也不会以德为私；人民也不会以德为私。君上仁人爱民有所为，但无私图；君上做宜于义理的事，而有所作为；君上以礼仪待人行事，虽得不到回报，依然振臂恭敬去做。所以〔说，现在早已〕背离道了。背离道之后有了居心之德；背离德之后有了居心之仁；背离仁之后有了居心之义；背离义之后有了居心之礼。所谓"礼"这个东西，不过表明忠信之淡薄和祸乱的开端罢了。所谓先知先觉者，不过是所谓"道"的虚华现象，而实际上是愚乱的起源。因此大丈夫立身处事要敦厚而不要浅薄，要心存朴实而不尚虚华。所以应该去掉浅薄、虚华，心存敦厚朴实吧！

二①

德要纯一不杂，一以贯之

（●）昔之得②一③者。天得一以清，地得一以宁，神得一以灵，谷得一以盈，侯王得一而以为正。④其窒⑤之也，谓天毋已清，将恐裂⑥；谓地毋已宁，将恐废；谓神毋已灵，将恐歇；谓谷毋已盈，将恐竭；谓侯王毋已贵以高，将恐蹶。⑦

【注释】

①此章乃今本三十九章前半部分，帛本与西汉本为第二章，楚简本无。旧解对本章诠释不够到位。

②③前一章谈"德"，此章接着谈"得"。"德""得"古通。《韩非子·解老》："德者，内也；得者，外也。""得"是"德"的外在表现。《古文尚书·咸有一德》的"一"就是纯一、专一、一贯、"始终惟一"。人民从统治者那里得到纯而无私的恩德。这样，"得一"即"德一"。这是旧解诠释不到位的第一点。

④帛书甲本作"而以为玉"，"而"字上三字损掩。帛书乙本作"侯王得一，以为天下正"，乙本同今本。

⑤帛书甲、乙本为"至之"。《说文》："窒，塞也……至声。""至"即"窒"之同声假借，为堵塞、壅闭之意。注"至"为"致"，含义正相反。这是旧解诠释不到位的第二点。

⑥西汉本为"将恐死"，"死"为"列"之误，"列"乃"裂"之省。

⑦此处用帛书乙本。

【译文】

远古以来，德就是纯一、无私与一以贯之的。天德纯一所以清明，地德纯一所以宁静，神德纯一所以灵验，河谷纯一所以充盈，侯王之德纯一所以公正。如果窒塞、改变了德的纯一，可以说，天就不能保持清明，恐怕将会破裂；可以说，地就不会保持宁静，恐怕将被废弃；可以说，神就不会保持灵验，恐怕将会消失；可以说，河谷就不会保持充盈，恐怕将会枯竭；可以说，侯王就不能保持高贵，恐怕将会被颠覆。

三①

侯王要谦下，频频招致赞誉绝不可信

（●？）故必贵〔矣〕，而（尔）以贱为本；必高矣，而（尔）以下为基②。是以侯王自谓曰孤、寡、不穀③。此其贱之本与，非也？故致数誉无誉④。是故不欲禄禄若玉，硌硌若石。

【注释】

①此章为今本三十九章后半部分，帛本为第三章，西汉本为第二章之二。与前章文义无关，当为独立章。

②河上公注曰："必欲尊贵，当以薄贱为本……必欲尊贵，当以下为本基。"因此"而"不是连接词，是"你"即"尔"的假借，尔、你也指侯王。这又是今本之模糊点。

③这里为谦称。《礼记·曲礼》曰："孤"，即孤立无德；"寡"，即寡德；"不穀"，即不善。译为白话，即无德的我，寡德的我，不善的我。封国侯王由世袭而承其位，养尊处优，言欲难违，各种条件决定了他易私难公、易骄难谦、易奢难俭、易昏难明；也决定了他"知识甚阙""见闻甚浅""体质甚弱"，于国于民很难有多少恩德与善举，甚至相反，大行无德之举。过去解释本章多照搬原文，一般人无法了解其义。只能理解为南面称雄之义。因此《老子》的良苦用心完全被理解歪了，可惜，可悲！

④帛书甲本为"致数与无与"，即《庄子·至乐》所引"至誉无

誉"。所谓"致"者,招致、引来,导致也。"数"者,频频、屡屡也。"致数誉无誉",即君上招致的赞誉往往是无可赞誉的。这也是今本含义被模糊的重要一点。

【译文】

因此,要必保尊贵,你要以谦贱为根本;要必保崇高,你要以卑下为基础。所以侯王才自称为无德的我、寡德的我、不善的我,这就是以谦贱为根本呀,难道不是这样吗?所以说,频频招引来赞誉,是无可赞誉的。因此不要希望自己已经美好得像宝玉,坚硬得像石头。

四①
反弱之道是指"君道"

（●）反也者，道之动也②；弱也者，道之用也。天下之物生于有，生于无③④。

【注释】

①此章乃今本《老子》四十章的前半部分，楚简本此六句前后都有分章符号，标明其为一章，故分章从之。

②楚简本、帛书甲、乙本皆有此四"也"字，古貌当如此。

③楚简本只有"生于无"三字，也通，或者更佳。

④此章之"道"，主要是指君道，还是指宇宙天体、万物之道？要弄清其所指，简便的方法就是看前后相连之章说了些什么。上面说"上德不德"，"不德"当然是"上德"的反面，只有"不德"——对德无居心、无私念、不自以为德、不自满，才配称君人者之德，或者才能向其反面"上德"、"是以有德"转化。无德、寡德、不善，自然是德与善的反面，只有时时以无德、不善自责自识，才能向善的方面移动、转化、产生作用。同样，只有虚怀若谷，才能移向道德高尚；只有守住卑辱，才有可能成其"大白"；只有安于无名，不图浮名，才能善始善成。天下的事物虽然发生在可见的、实在的"有"，但是更多的是发生在隐蔽的、看不见的"无"。而"必贵矣，而（尔）以贱为本；必高矣，而（尔）以下为基"，不就是"反也者，道之动也；弱也者，道之用也"吗？当然，这里只是一个引子，下面还要充分展开："无为"是"为"的反面，"不

大家读老子

争"是"争"的反面，"柔弱"是"刚强"的反面……而老子正是提倡以无为为、用不争争、能谦下上、柔弱胜刚强以及"后其身而身先""外其身而身存""无私成其私"，如此等等，岂不是为君之道的反、弱之动之用吗？

【译文】

相反的方面，是道运动转化的方面；柔弱的方面，是道发挥作用的方面。天下的事物发生于可见的有，也能发生于隐蔽而看不见的无。

五①
善始且善成之道

■大白如辱，广德如不足，建德如〔媮〕，质真如〔输〕，大方无隅，大器慢成②，大音稀声，大象无形，道褒无名。夫唯道，善始且善成③。

【注释】

①此章系今本四十一章后半部分。楚简本在"上德如谷"后句有一小点，看来是个分章点。

②帛本作"免成"。《说文》："晚……免声。""免成"即今本之"晚成"。但楚简本为"慢成"，含有不急于求成，更不急功近利之义，似更准确。订文取"慢成"。

③今本《老子》最末三句是"道隐无名，夫唯道，善贷且成"。这与帛书、楚简《老子》"道褒无名。夫唯道，善始且善成"相差三个字："隐"与"褒"，"贷"与"始"，并少一"善"字。"道褒无名……"这两句话，不仅是三十八章"上德不德"以及侯王以"孤、寡、不谷"等无名说教的结语，而且也是上文"广德若不足，大白如辱……"等不求名、安于无名的结语，即"道总是褒奖那些不求名、安于无名的人（侯王）。并且只有像道那样安于无名（不务虚名），才能善始善成"。这里即是老子设计的退守、谦下、内敛、自隐无名的一种方术。

【译文】

洁白光彩，好似卑污，恩德广布，好似不足，建功立德，好似怠惰，质朴纯真，好似混浊，方方正正，好似没有棱角，大器总是慢慢完成的，伟大的音乐总是难于听到，伟大的形象反而难见形迹，道总是褒奖不求名的人。只有像道那样〔安于无名〕，才有良好的开端和良好的结局。

六①
闻道后的种种表现

（●）上士闻道，勤能行之；中士闻道，若存若亡；下士闻道，大笑之。弗笑，不足以为道。是以建言有之曰：明道如拂，进道如退，痍道如类②，上德如谷③。

【注释】

①③本章系今本《老子》四十一章前半，楚简《老子》在"上德如谷"句后有分章点，明确分为两章，帛书此章止于"上德若谷"，正确。

②河上公注曰："明道之人，若暗昧无所见。""进"，接近、进入，非前进之意。河上公注曰："进取道者，若退不及。"另，帛书乙本为"夷"，"夷"通"痍"。《白虎通义·封公侯》："夷，伤也。"而"类"，引申为"保卫、奉行"。《老子》说要绝圣弃智、绝仁弃义，而那些自以为圣智、倡仁导义之人自以为是奉行道，在老子看来，未必如此，历史上以卫道者自居，而实际上是在糟蹋道的人，难道还少吗？

【译文】

上士听了道，努力并且勤于实行；中士听了道，对道似懂非懂；下士听了道，对道大加嘲笑。道不被嘲笑，就不足以称其为道。所以古来就有这样的说法：懂得道的好像违背了道，接近道的好像后退于道，糟蹋道的却好像在保卫道。德行高尚，虚怀若谷。

大家读老子

七①
"三"，天地人也！

■②道生一，一生二，二生三，三生万物。万物负阴而抱阳，中气以为和。③

【注释】

①本章系今本《老子》四十二章之前半部分。

②楚简本《老子》有此分章符号。

③《说文》曰："三，天、地、人之道也。"此章是对万物生成原因的一种朴素、原始的解释。

【译文】

道产生浑沌不分的一，一分而为阴阳，阴阳参错会合，生成天、地、人，天、地、人共生万物。万物内含着阴而包容着阳，阴阳激荡而形成新的"和"。

八①
故意强称贤良不会有好结果

（●）天下之所恶②，唯孤、寡、不穀，而王公③以自名④也。物或损之而益，益之而损。故人之所教，我亦教之："故强良者不得死⑤。"我将以为学父。

【注释】

①今本四十二章之后半部分。楚简本无此章。显然此必为独立之章。

②"天下之所恶"，帛书乙本与西汉本《老子》作"人之所恶"，而帛书甲本作"天下之所恶"。"天下"不仅指人，也包括万物。此处从帛书甲本。

③"侯王"不等于"王公"。今本都作"王侯"，帛本甲、乙本又都作"王公"。"侯王"，指天子诸侯，而"王公"已扩大到公卿、达官贵人。所指范围扩大，即更多的君人者也应该认识到自己的无德、少德、不善，以达自知和自律。改"王公"为"侯王"，大伤文义。

④"自称"不等于"自名"。今本是自谓（称）。帛本则为"自名"。自名之"名"，不仅是自称，而是一种自知自识了。西汉本为"王公以自命也"，由"自名"又上升为"自命"，命令。即自称还不够，还必须这样认识自己，命令自己。改作"自称"，大损文义。

⑤"强梁者"不等于"强良者"。今本作"强梁者不得其死"，意谓强横的人不得好死。帛本作"故强良者不得死"，良，善良、贤能也。《诗·陈风·墓门》《尚书·益稷》《尚书·冏命》皆用此"贤良"之

"良"。孔子曰："温良恭俭让……"既然有真良，就会有假良、伪良、强良、强不良以为良。从文义看、从"以古为尚"看，帛本为佳，更合原意。

【译文】

天下所厌恶的（君王、王公），就是那些被认为是无德、少德、不善的人，而王公却这样认识自己。有的事物亏损了反而有益，有的事物增益了反而受损。所以别人怎么教导我，我也用它来教导别人："故意强称贤良的人，不会有好结果。"我将把它作为学的根本。

九①
水与气的启示

天下之至柔，驰骋于天下之至坚，［出于］无有，入于无间②。吾是以知无为之有益也。不言之教，无为之益，天下稀能及之矣！

【注释】

①今本之四十三章，楚简本无此章。

②帛书甲本与西汉本作"无有入于无间"。王弼注"天下之至柔，驰骋天下之至坚"曰："气无所不入，水无所不出于经。"可见此处"无有"所指的是气与水。此处文字取《淮南子·道应训》"出于无有，入于无间"。

【译文】

天下最柔软的东西是水与气，它们驰骋于天下最坚硬的物体之间，［它们生于］无形，入于细微缝隙之间。我因此认识到无为的好处。水与气这种不用语言的教化，无为的好处，天下很少有人能够做到啊！

大家读老子

十①
知足不辱，知止不殆

名与身孰亲？身与货孰重？得与亡孰病？甚爱必大费，多藏必厚亡。故知足不辱，知止不殆，可以长久■②。

【注释】

①今本《老子》四十四章。今本、楚简本同。

②楚简本《老子》分章符号。

【译文】

名声与生命谁最亲近？生命与财富谁最重要？得到名声、财富与失去生命谁最为害？过分吝啬必然导致更大的耗费，丰厚的贮藏必然导致严重的损失。所以知足就不会遭受困辱，知道适可而止就不会遇到危险，这样才能保持长久。

十一^①
如何对待大成、大盈、大巧？

■ 大成若缺，其用不弊。大盈若盅，其用不穷。大直如屈，大巧如拙，大赢如绌。〔大成若诎。〕^②

【注释】

①今本四十五章前半部分。楚简本有此章，而且有五六个分章符号，证明今本分章不对。帛、今本遗漏非常重要的有关侯王的文句：大成若诎。

②楚简《老子》此章，有两句"大成"：前句为"大成若缺"——最成功的也要把它看成有缺陷的。后句是"大成若诎"——大成功反而变得笨嘴笨舌了。帛本与今本《老子》四十五章没有这一句。

【译文】

最成功的事情也把它看似存在着大缺陷，它的作用才不会产生弊端。把丰满充盈的东西看似细小有限的东西，它的作用才不致穷尽。最正直的要如弯曲的，最灵巧的要如笨拙的，最丰裕的要如欠缺的。〔大成功之时反而言辞迟钝、笨拙。〕

十二①
清淡平静，为了天下安定

■噪胜苍，青胜燃，清清为天下定②。

【注释】

①今本四十五章后半部分。楚简本分章符号标明此章只有此三句，同时鉴于楚简本文字古且真于帛本，故取楚简本文字。详注②。文字、文义全异于今本。

②仔细分析楚简、帛书、今本文字，含义大异：帛、今本："躁胜寒，静胜热，清静可以为天下正。"所谓"正"，是也、主也，政也。此三句译为白话即：疾速运动能战胜寒冷，平静能克服炎热，清静能主宰天下。这已经成为两千年之通识、定论。但楚简本并非如此："噪胜苍，青胜然（燃），清清为天下定。"《说文》："噪，鸟群鸣也。"而苍，苍凉也，与噪对文。然，不通"热"。《说文》："然，烧也。从火……"可见然、燃古通。"清清"中的第一个"清"，即清淡，第二个"清"为清静，或者说它是"靖"的假借字，有安定、平定之意，含义就大别于帛、今本了。译为白话，即如上文所示，它提倡统治者要清淡和清静。

究竟帛书、楚简本哪个正确呢？这需要考察前后文。凡事在"大成""大盈"之后，君上往往心气上升，骄淫接踵而至，欲望膨胀，大造宫室，广充美女，甚至大动干戈，很难平淡清静处之。是否因此《老子》提出清静、清淡呢？再从后一章看，那是一种反战的思想，它通过"戎马生于郊"，即连母马亦不得安宁，来表达对战争的厌恶。接着，《老子》

又提出"罪莫大于可（放纵）欲，祸莫大于不知足"。从这些思路看此章，楚简《老子》的文字才是作者之本意。由于后人将假借字辨认错了，将"苍"释为"寒"、"清清"释为"清静"、"燃"释为"热"，才出现帛本上述文字，冲淡了老子倡导侯王要清淡、清静的良苦用心。所以此章文字理应从楚简本。

【译文】

虫鸟喧鸣胜过满目苍凉，青青葱葱胜过房舍田野燃烧，清淡平静为了天下安定。

十三①
从马看有道、无道

●②天下有道，却走马以粪；天下无道，戎马生于郊③。

【注释】

①②帛本之分章点证明今本四十六章前四句为一章。四十六章总共不过九句，又分成两章，这证明《老子》某些章像《论语》《黄老帛书》那样，是由三四句甚至一两句组成的。

③楚简本没有这四句，只有下章的五句。这既说明此四句独立成章，同时又"一叶知秋"地反映出时代的印迹。它不仅反映了春秋与战国两个时代的战争规模，而且也揭示了和平与战争两个时期的整个社会状况。为何楚简本没有这四句？因为春秋时战祸还远不如战国时那样频繁、惨烈、大规模。后人将此四句与下面谈不知足、贪得无厌的内容连为一章，看来是认为战争是因为贪婪引起的。但是老子并未把自卫的、反侵略的、解民倒悬的、反暴政的战争归咎于不知足。再说，贪得无厌又何止表现在战争上呢？所以从文义上看，帛本分章十分正确。今本的分章，既模糊了此章的时代印迹，也造成了某些章的误读。

【译文】

天下有道而太平，战马用来耕田运粪；天下无道而不太平，连怀胎的母马也用来作战。

十四①
灾难之惨莫过于贪得无厌

●②罪莫大于可欲③，祸莫大于不知足，咎莫惨④于欲得。故知足之足，恒足矣！

【注释】

①帛本与楚简本之分章点，都标于后，现移于前，以下各章同此。

②今本四十六章之后半部分。此章因分章不同，而且个别文字异于今本，所以诠释有别今本。

③人生而有欲，满足基本的欲望是正常的，"可欲"何罪之有？甚至还说罪莫大焉。于是许多今本删去了此句，但是，这不是针对芸芸众生说的，而是针对王公说的。王公根本不存在满足基本欲望的"可欲"问题。这个"可欲"，是"纵心恣欲"也。它又不止在于酒、色、财方面；在"气"的方面，尤其是争名、任性、蛮干赌气、知错不改、将错误坚持到底……其罪孽之大，并不是贪恋女色、好酒贪杯所可比拟的，历史上此类教训，比比皆是。老子此句主要指此。

④楚简本为"险乎"，帛本改"险"为"惨"，灾难的危险已变为惨烈的灾难。可以想象，这需要多少次灾难，多少白骨成山，一而再、再而三地重演，才能改写出这样一个"惨"字啊！这也算作楚简本与帛本不同时代的标记吧！

【译文】

罪孽莫大于任情纵欲，祸患莫过于不知道满足，灾难之惨莫过于贪得无厌。所以知道满足的满足，才是永远的满足！

十五①
古代主术之一

（●）不出于户，以知天下；不窥于牖，以知天道。其出也弥远，其知弥少。是以圣人弗行而知，弗②见而明，弗为而成。

【注释】

①今本四十七章，楚简本无此章，但却证明了今本分章正确。

②帛本之"弗"，较之今本之"不"，符古貌，合原意。"弗"通"不"，系否定副词，但"弗"还有其他含义。《说文》："弗，拂也。"而"拂"，《说文》："举手也。……一曰拂，擅也。"因此"弗"还有拂擅、擅自、张扬的含义。今本将"弗"统统改为"不"，这就背离了文义。如此章"弗见而明""弗为而成"，改成"不"，这就成了"不见""不为"了。而用"弗"，则可理解为"不一定亲眼见""不一定亲自去做"，这就近情理了。再试举一例：今本"善胜敌者不争"，帛本作"弗与（争）"。要胜敌，且又是"善胜敌"，这本来已是"争"了。这里的"弗与（争）"，当是"不贸然与之争"之义，或者是不张扬、不妄动、不盲目与之争。今本改"弗"为"不"，岂不有损文义？

细思量，这主要是《老子》奉劝侯王无为的一种文笔。

【译文】

不出门户，就可以知道天下的大事；不望窗外，就可以知道星象的运行。谁出去得越远，谁就知道得越少。所以圣人不一定经历就能知道，不一定亲眼见就能明了，不一定亲自去做就能成功。

十六①
重新诠释"为学者日益"

■ 为学者日益，为道者日损，损之又损，以至于无为无以为②。

【注释】

①今本四十八章前半部分。后面谈"取天下"，是另一码事。楚简本无"取天下"，说明它是另外一章。

②此句取严遵本。另外楚简本证明今本四十八章前后组合迥异。而且它前半部分的文字也不同于今本，楚简本作："学者日益，为道者日损，损之又损，以至于无为而无不为。■绝学无忧……"这里重要的不同点有三：

第一，今本不作"学者"，而作"为学者"。"学者"与"为学者"虽差一字，但含义不同。正如今天的思想家、作家、学者、教授，不同于大、中、小学生一样吧。

第二，帛本、今本没有紧接着的"绝学无忧"句，此句处于今本二十章之首句。

第三，帛本将后句改为："'闻'道者日损。"应当说，把"学者""为道者"改成"为学者""闻道者"，是深思熟虑的。其文义确切多了。因为"学者""为道者"毕竟极少。"为学者"与"闻道者"就不同了。

因此，简本、帛本、今本中不同的文字与组合，会有不同的含义与诠释。若依简本文字，它诠释的就是另外一回事了："学者们一天天增多，遵从自然之道的人就会一天天减少。"学者会招引更多的为学者，他们会刺激人们的功名欲望，因而伪善伪行也会随之增长、蔓延。人与人之间的尔虞我诈、追逐名利、你争我夺，也就在所难免。因此，《老子》的结论是"绝学无忧"。为了强调这一结论，楚简本还特别用"一横"将"绝学无忧"与上文间隔，以示强调。这正是楚简、帛书与今本所不同之处。这种诠释是鉴于楚简《老子》以下的明确主张：

（1）"绝智弃辩，绝伪弃虑"，智、辩、伪、虑都是学者与为学者的产物。

（2）同时主张"智之者弗言，言之者弗智"，并提出对待智者"六不可"：不可得而亲，不可得而疏；不可得而利，不可得而害；不可得而贵，亦不可得而贱。

（3）"太上下智"——最好是压低智者的声望。

帛书《老子》不仅将"绝智弃辩，绝伪弃虑"升格为"绝圣弃智，绝仁弃义"，并且又补充了三条：

1. 不尚贤。

2. 非以明民，将以愚之，自然愚民的关键在学者、智者。

3. "小国寡民"，倒退到结绳而治的时代。

总之，简本、帛本提出一套对于智者、学者、愚民的方略。到底是今本诠释正确，还是楚简本（或帛本）诠释正确呢？《史记·老子列传》有一段记载："孔子适周，将问礼于老子。老子曰：'子所言者，其人与骨皆已朽矣，独其言在耳。且君子得其时则驾，不得其时则蓬累而行。吾闻之，良贾深藏若虚，君子盛德，容貌若愚。去子之骄气与多欲，态色与淫志，是皆无益于子之身。吾所以告子，若是而已。'"这段话可以看出老聃对于孔子这样的学者、智者，也是不放心的：

第一，有骄气；

第二，多欲，尤其是名欲；

第三，不够朴实，有时也弄姿作态、装腔作势；

第四，有不切实际的志愿。所以告诫他要深藏若虚，盛德若愚。

有些话老聃虽没有说，但读者可以体味出来。如果这些毛病不改掉，那么以骄气与多欲之臣去辅佐多欲而权盛之君，要么不被任用，要么被任用了也难以融洽相处而身危，或者唯国君骄淫之志是从，助纣为虐，将会干出多少不切实际的事来坑害百姓与国家！看来这就是老聃的潜台词。这应当是对"学者日益，为道者日损"的形象诠释吧！

恩格斯在《家庭、私有制和国家的起源》中说："文明时代越是向前进展，它就越是不得不给它所必然产生的坏事披上爱的外衣，不得不粉饰它们，或者否认它们——一句话，是实行习惯性的伪善。这种伪善，无论在较早的那些社会形式下还是在文明时代初期阶段都是没有的。"老子并没有使用"伪善"这个词，但他却有类似意思的话。他认为失道之后的仁、义、礼，乃是"忠信之薄而乱之首也"。这是否近于"伪善"呢？帛本所说的"为学者日益"，他们所学无非是仁义礼智、政教法刑，学习的真实目的在于用此去文饰其情欲或者说是功名权力欲。用严遵的话叫"为学日益，文生事起，伤神害民"。所以《老子》中才说，它是"乱之首"，才会"为道者日损"。这正是老子提出"绝学无忧"的原因。可见，"学者日益，为道者日损"需要重新诠释，必须重新诠释！

《庄子·天运》曰："孔子行年五十有一而不闻道，乃南之沛见老聃。"时在周敬王二十二年（前498）。孔子第四次问礼于老子，辞别之后，沉吟良久，曾对弟子们大发感慨："鸟，吾知其能飞；鱼，吾知其能游；兽，吾知其能走。走者可以为罔，游者可以为纶，飞者可以为矰。至于龙，吾不能知其乘风云而上天。吾今日见老子，其犹龙邪！"

孔子把老子视之为"龙"，可谓尊崇备至。但是"犹龙"的老聃所著的《老子》，已被唐玄宗篡改得大变样，今有四古本《老子》，《老子》的政治道德将重现天下，与孔子一样，老子也会成为德配天地，名垂千古的圣人。

【译文】

为学的人一天天增多，〔功名欲望、伪行伪善也随之增大与蔓延，因此，〕遵行自然大道的人一天天减少，减少再减少，最终还要回到无为、无以私为上来。

十七^①
"取天下"不是"治理天下"

■ 将欲取天下也，恒无事。及其有事也，又不足以取天下矣^②。

【注释】

①今本四十八章后半部分。楚简本无此章，说明此章乃单独之章。也说明在楚简本《老子》的时代，尚未出现"取天下"的问题。

②《说文》："取，捕取也。""取天下"即取得天下的归从，与旧说"治理天下"无关。

【译文】

想要取得天下的归从，就要经常保持相安无事。如果事端纷起，就难以取得天下的归从了。

十八①
以百姓之心为心

（●）圣人恒无心②，以百姓之心为心。善者善之，不善者亦善之，得③善也。信者吾信之，不信者吾亦信之，得信矣。圣人之在天下也，歙歙然④，为天下浑心，百姓皆属其耳目焉。圣人皆孩之⑤⑥。

【注释】

①今本四十九章，楚简本无此章。

②今本多作"无常心"，帛书乙本作"无恒心"，西汉本作"恒无心"，虽皆指以百姓之心为心，无个人主观意愿，但西汉本、今本，指无自私的意愿，为佳。从西汉本。

③帛本为"德善也"，西汉本改"德"为"得"，"德"即"得"，古为通假字，西汉本佳，因为它一语双关。

④帛书甲本文字为"歙歙焉"，西汉本为"歙歙然"，歙音"吸"，乃"吸"之借字。乙本为"欱"，通"喝"。吸、喝什么？倾听百姓的呼声。

⑤西汉本比帛本多了三个"吾"字，语意更清晰，故从之。

⑥拥护者与不拥护者，都要"善之""信之"，一视同仁，这是否也是一种"以百姓之心为心"呢？可见老子何等之深谋远虑。"以为可者半，以为不可者半"，古今中外概莫能外。

【译文】

圣人应永远没有自己的意愿，而以百姓的意愿为意愿。善良人的意愿要善待，不善人的意愿也要善待，这样就会得到善良的报答。诚实的人信任他们，不诚实的人也信任他们，这样就会得到人们的信任。圣人在位治理天下时，应认真倾听百姓的呼声，为天下而无私心，百姓就会成为他们的视听耳目。因此圣人爱护老百姓应如同爱护自己的孩子一样。

十九①
不该忽略惊人的高死亡率

（●）出生入死，生之徒十有三；死之徒十有三；而民生生焉②，动皆之死地之十有三。夫何故也？以其生生也③④！

【注释】

①今本五十章之前半部分。楚简本无此章。西汉本同帛本。

②据西汉本增"焉"字。

③今本五十章根本不是一章，而是两章。合为一章，是因为它被误解了。先看前半部分的此章，它是谈从生到死的人能生存下来的只占三分之一，另两个三分之一的人不是夭折，就是为了谋生不得不进入"死地"——当兵打仗而死去。如此之高的死亡率，所指明明是"民"。后半部分，即下一章，谈的则是善于保护生命的人，他不必进入"亡地"与"死地"——"无死地"。人民绝无此等条件保护生命，只有极少数的王公才有资格讲究不进入"死地"。所以，这是老子向侯王献上的"执生术"。因此，今本五十章前后谈的不是一回事，不是一章。

④由于合为一章，为协调前后文，后人便在文字上作了增删。帛本证明"之厚"二字为妄增。注家又多引高延第之论："富贵之人，厚自奉养，服食药饵以求长生，适自蹈于死地。"但这里说的是"民"——"民生生"，不是富贵之人。不然死亡率怎么会高达两个"十有三"呢？前后两部分的文义都含混不清。将今本五十章分成两章，并且依照帛书文本复原，文义将大明。

人从生到死，能生存下来的占十分之三；夭亡的占十分之三；而人民为了谋生，动辄得进入死地而死去的，也占十分之三。这是因为什么呢？因为他们为了生存下去呀！

二十^①
不能进入有生命危险的地方

（●？）盖闻善执^②生者，陵行不劈兕虎，入军不被甲兵，兕无所揣其角，虎无所措其爪，兵无所容其刃。夫何故也？以其无死地焉^③。

【注释】

①今本五十章后半部分，楚简本无此章。今本因分章错误，后人妄改，这段向君上提出的献词含义被模糊了。

②这章是由前一章所谈高死亡率问题引出来的建议：君上如何善于保护生命。

③《孙子兵法·九地》曰："投之亡地然后存，陷之死地然后生。"这是对士卒而言。相反，对国君、人主及执政者就绝不能投之亡地、陷之死地了，而是绝对不要进入可能带来危险的区域，绝对不能拿生命去冒险。战国时代的死亡率极高，能享天年已属不易，如果一国之主还要去冒险、驰骋田猎、耍刀弄枪、冲杀拼搏，像殷纣王那样，"材力过人，手格猛兽"，那么保护生命尚成问题，还谈什么享有和治理国家？因此，这章是作者因前章提到的高死亡率问题而向统治者提出的献词建议。

【译文】

听说善于保护生命的人，在山林里行走不会砍劈犀牛和猛虎，在战争中不披坚执锐，因而犀牛用不上它的角，猛虎用不

上它的爪，士兵用不上他们的武器。这是什么原因呢？因为他
们没有进入有生命危险的地方。

二十一①

永远遵循自然

　　●②道生之，而德畜之，物形之，而势③成之，是以万物尊道而贵德。道之尊，德之贵也，夫莫之爵而恒自然也。

【注释】

　　①今本五十一章，楚简本无此章。

　　②帛书与西汉本分章点。今本《老子》五十一、二章，从帛书甲本看，其前、其中、其后共有四个分章点间隔，说明它们不是两章，而应该是四章。从文义上看，分为四章完全正确，更有利于理解。帛书《老子》的分章标记与今本不同，说明今本《老子》分章有重新审视的必要。

　　③帛本为"器成之"，西汉本改为"势成之"。势之含义较之"器成之"有了极大的扩展，并精确多了。

【译文】

　　道生长万物，而德养育万物，自然形成了万物的形态，而各种势态器物成就了万物，因此万物都尊崇道而珍视德。道之所以被尊崇，德之所以被珍视，并没有谁给它封爵与命令，而是因为它永远遵循自然。

二十二①
"玄德"即"天德"

●道，畜②之，生之，长之，遂之，亭之，毒之，养之，覆之，生而弗有也，为而弗恃也，长而弗宰也。此之谓玄德③④。

【注释】

①今本《老子》五十一章后半部分。楚简本无此章。帛本的两个分章点与西汉本分章点同，明确无误地标明今本五十一章不是一章而是两章。同时，也可看出，今本为联结、协调上下文而后加"故"字。

②今本"畜之"前多一"德"字。帛甲、乙本和西汉本无"德"字。其他皆同乙本，从帛本。

③理解此章的关键在最后的两个字："玄德。"什么叫"玄德"？过去的注译本均释为"深远之德""深奥玄妙之德"。其实远非其要。"玄"者，一指天，《易·坤·文言》云"天玄而地黄"，后常用"玄"称天；二指隐而不露，天德何曾宣扬？因此"玄德"即道的隐而不宣的天德——"生而弗有，为而弗恃，长而弗宰"。

④这使人想起了孔子的话："巍巍乎！唯天为大，唯尧则之。荡荡乎！民无能名焉。巍巍乎！其成功也。"（《论语·泰伯》）尧之为君能"唯天为大"，以"天"奉为至高至大，作为自己准则、榜样，那是何等崇高与伟大。赞叹之声，连续不断。老子高赞"玄德"即"天德"——玄德，奉为至高至大，可谓异曲同工。是老子影响孔子？还是孔子影响老

大家读老子

子？显然是孔子继承发挥老子之思想！

【译文】

道，畜养万物，生成万物，使其生长，顺其发展，培育它成长，使其苦难，使其保养，使其倾覆，它生养万物而不敢据为己有，兴盛万物而不敢自恃有功，培育万物而不敢成为主宰。这就是天德啊！

二十三①
一切都需要从根本上着手

　　●②天下有始，可③以为天下母。既得其母，以知其子；既知其子，复守其母。没身不殆④。

【注释】

①今本五十二章前半部分，楚简本无此章。

②为帛本、西汉本之分章点。

③西汉本多一"可"字。因增此字加强语气，故从之。

④此章文义尽在王弼之注中："得本以知末，不舍本以逐末也。"一切的一切都需要从根本上着手。

【译文】

　　天下的事物都有它的起源，可以把这起源作为天下事物的根本。既然已经掌握了事物的根本，就能认识事物的结果；既然已经认识了事物的结果，就还要坚守事物的根本。〔这样就〕终身不会遇到危险。

大家读老子

二十四①
"堵塞私学交往"的方略

●②塞其〔兑〕③，闭其门，终身不勤④。启其〔兑〕，济其事，终身不救。见小曰明，守柔曰强。用其光，复归其明，毋遗身殃，是谓袭常。

【注释】

①今本《老子》五十二章后半部分。诠释不同。

②帛书《老子》之分章点。楚简本有此章，而无上章，这又印证了帛本分章点正确，五十二章并非一章。

③《易·兑》："《彖》曰：兑，说也。"《易·说卦传》："兑为口。"显然，老子"塞其兑"之"兑"，与《易》之"兑"是相通相同的。西汉本改"兑"为"脱"，误。

④《管子·心术上》："门者，谓耳目也。"河上公注曰："兑，目也，使目不妄视。""门，口也，使口不妄言。"总之，此章是一种"杜民之耳目口鼻，使之无知无识"的"圣人临民之术"（高亨语）。

【译文】

堵塞私学的交往，关上私学的大门，就终身不必操劳。打开知识的交往，成全了以知识追求功名的事业，就终身不可救药。能观察入微的叫作精明，能保持柔弱的叫作刚强。利用智慧之光，重新归于质朴，不给自身留下祸殃，这叫作遵循常道。

二十五①
管束有头脑的王公们

●使我掔有知也②，行于大道，唯他是畏。大道甚夷，而民好嶰。朝甚除，田甚芜，仓甚虚；服文采，带利剑，厌饮食，货财有余，是谓盗〔竽〕③。盗〔竽〕，非道也④。

【注释】

①帛本原有分章点。今本五十三章。诠释不同。

②帛书甲本作"掔"。《广雅·释诂》："掔，束也。"非"絜"。各本作"絜"者或乃简写，古时两字通假。

③帛书两本此条皆蚀损，西汉本为"盗竽"，"竽"，古乐器。《韩非子·解老》引亦作"盗竽"，即吹着竽的奢侈强盗。

④一般所谓"盗"，小者指打家劫舍、拦路强劫之辈，大者指绿林好汉、据山为王，但《老子》不指这种"盗"，而是指那种衣冠楚楚的王公贵族和官吏类的"强盗"，并为他们取名为"盗竽"——奢侈的强盗。此章今本的文句是："使我介然有知，行于大道，唯施是畏。"它被译为："假使我稍微有些知识，在大道上行走，担心唯恐走入邪路。"帛书甲本则是："使我掔有知也，行于大道，唯他是畏。"王念孙云："束缚谓之掔。"而"知"乃"智"之借，不仅指知识，也指有知识的人。这里又指有头脑的王公们。

【译文】

假如我能管束有头脑的人，行走在大道上，唯一害怕的是他们走上邪路。大道很平坦，而人民却爱走山涧小路。朝政极其腐败，农田极其荒芜，仓库极其空虚，而（王公却）穿着华丽的衣服，佩带着锋利的宝剑，吃厌了盛宴，资财充余富足，这就叫吹着竽的奢侈强盗。奢侈的强盗，多么无道呀。

二十六^①

"修齐治平"：立于不败

（●）善建者不拔，善保^②者不脱，子孙以祭祀不绝。修之身，其德乃真；修之家，其德有余；修之乡，其德乃长；修之邦，其德乃丰；修之天下，其德乃溥。〔故〕以身观身，以家观家，以乡观乡，以邦观邦，以天下观天下。吾何以知天下之然哉？以此。

【注释】

①今本五十四章。帛书甲、乙本皆掩蚀，楚简本与西汉本有此章。

②西汉本作"善抱"，楚简本作"善保"，从"善保"。这是承上章所言管束有头脑的王公们而来的。当然也可用之于一般人，但《老子》主要是向君上王公的建言。

【译文】

善于建立的就拔除不了，善于保持的就不会失去，因而其子子孙孙的祭祀就不会断绝。〔将此善建、善保之理〕修治于自身，他的德就纯真；修治于家族，他的德就使家族富裕；修治于乡里，他的德就会长久；修治于国家，他的德就会使民富国强；修治于天下，他的德就普惠天下。所以应从其人是否善建善保来观察这个人，以家族是否善建善保来观察这个家族，以乡是否善建善保来观察这个乡，以国家是否善建善保来观察这个国家，以天下是否善建善保来观察这个天下。我是怎么知道天下的是与非呢？就是采用这个方法。

二十七①
修身养性，比于赤子

■ 含德之厚者，比于赤子。〔毒虫不螫，猛兽不据，攫鸟不搏〕②。骨弱筋柔而握固，未知牝牡之会而脧怒，精之至也。终日号而不嗄，和之至也。和曰常，知和曰明，益生曰祥，心使气曰强。物壮即老，谓之不道，不道早已。

【注释】

①今本五十五章。楚简本与帛本、西汉本、今本基本同，都是专门谈修身养性的。

②此三句取傅奕本。

【译文】

具有浑厚德行的人，好比初生的婴儿。〔毒虫不刺咬他，猛兽不侵害他，凶鸟不袭击他。〕他筋骨柔嫩拳头却握得紧紧的。他还不懂得男女的交合，却常常勃起生殖器，这是因为他精气非常充足。他整天号哭却嗓子不嘶哑，这是因为他元气非常淳和。淳和叫作常道，知道平和叫作明智，有益于生命才叫吉祥，任性使气叫作逞强。事物生长迅猛就会衰老，这就叫作不道，不道就会加速死亡。

大家读老子

二十八①
对待智者的"六不可"

■〔智〕者弗言，言者弗〔智〕。塞其〔兑〕，闭其门；和其光，同其尘；挫其锐，解其纷。是谓玄同。故不可得而亲，亦不可得而疏；不可得而利，亦不可得而害；不可得而贵，亦不可得而贱。故为天下贵②。

【注释】

①今本五十六章，楚简本基本同。楚简本之分章符号可移此。诠释异于今本。

②孔子时"官学"早被突破，独立于官府外的知识阶层已经形成。官学体制下，欲学者，必须以吏为师，学成后又必须服务于所学之统治者。至"私学"之形成，情况大变：学人不再是"仆役"了，而是可以独立于为政之外的人。比如孔子"弟子三千，贤人七十二"，就是这样的人。如何对待这批人呢？《鹖冠子·世兵》将战争与智慧，兵与智者相提并论："兵知（智）俱起。"《庄子·人间世》更把"智"与"名"当作"凶器"。《老子》的"不上贤，使民不争""绝学""弃智"……也是将"智"视为争、乱之源的。那么，老子是否也有其对待"知""智者"之策呢？此章是老子对待智者的一套简明方略。用今天的话说，就是老子设计的"知识分子政策"。

【译文】

智者不敢擅自说话，说话的人不敢以为智。堵塞他们的交往，关闭他们的学门；屏和他们的光亮，使他们混同于尘俗之中；挫去他们的锋芒，解除他们的纷争。这就叫深奥的同一。所以对他们既不能亲近，也不能疏远；既不能使他们获得好处，也不能加害于他们；既不能使他们高贵，也不能使他们处于卑贱。因此天下的人才能尊重君人者。

二十九①
用正直之道为国为民

∫以正之邦②，以奇用兵，以无事取天下。吾何以知其然也哉？夫天下多忌讳而民弥畔③；民多利器而邦家滋昏；人多智而奇物滋起；法物滋彰而盗贼多有。是以圣人之言曰：我无为而民自化，我好静而民自正，我无事而民自富，我欲不欲而民自朴④。

【注释】

①今本五十七章，楚简本、西汉本、同帛、今本。"∫"乃帛甲本特有之分章符号。

②四种古本《老子》皆作"以正之邦"，后来统统改作"以正治国"，误。"治国"即"从政"，哪能同义反复？

③帛本、今本为"弥贫"，楚简本、西汉本作"弥畔"。畔，违背，非"叛"。《论语·雍也》："君子博学于文，约之以礼，亦可以弗畔也夫。"此"畔"即作"违背"解。"多忌讳"与"民弥贫"无直接关系，因此从楚简本、西汉本之"畔"。

④"以正之邦"是防止将"以奇用兵"变为"以奇之邦"的，办法也极简单，我无为，我好静，我无事。所谓"我"，自然是帝王与一切君人者，因为"君人者"的"为、动、事、欲"，必然产生不合时宜、过分、逆人心、名不符实、言而无信、不知畏民、自夸、不知足、以不足为有余等等，那自然变为"为政以奇"了。

【译文】

用正直之道为国为民，用出奇制胜打击敌人，用顺应自然、相安无事取得天下的归顺。我是怎样知道这个道理的呢？天下的禁忌越多，人民越是违背；民间的锐利器具越多，国家越是陷于混乱；人的智慧越多，奇物怪事就会滋生；法令刑具繁多，而盗贼却不断增加。所以圣人这样说：我无私为，人民自然会归化；我好静，人民的行为自然会端正；我不生事扰民，人民自然富足；我将无私欲作为我的欲望，人民自然淳朴。

三十①
防止"正复为奇，善复为妖"

●其正②闵闵③，其民屯屯；其正察察，其邦④夬
夬⑤。祸，福之所依；福，祸之所伏。孰知其极？其无正
也。正复为奇，善复为妖，人之迷也，其日固久矣。是
以⑥方而不割，谦而不刺，直而不绁，光而不朓⑦⑧。

【注释】

①今本五十八章。楚简本无此章。此章重要文句与诠释大异于今本。
应当说，今本此章被大大误解了、模糊了。

②帛、甲、乙本皆作"正"，而非今本之"政"，"正""政"虽古
通，但人主之"政"怎能等同人主之"正"？此为今本第一个错误。

③帛本的"闵"，与今本"闷"，含义不同。《说文》："闵，吊者
在门也。"《孟子·公孙丑上》曰："宋人有闵其苗之不长而揠之者。"
"拔苗助长"即出于此。因此，闵者，忧患、担心也。此为今本第二个
错误。

④今本作"其民"，即指百姓、指下层；而帛本的"其邦"，即指
邦、指国、指君上。所指完全不同。可见，今本第三个关键字的错何其
大啊！

⑤今本为"缺缺"，帛本为"夬夬"。《易传·彖传下·夬》曰：
"夬，决也，刚决柔也。"《说文》："夬，分决也。""夬夬"为本
字，与"缺缺"意思又大不相同。此为今本第四个错误！

⑥帛本无"是以"前之"圣人"二字，说明它不只是指个别圣人，而是指所有"以正之国"者。

⑦今本第五、第六个大错误是：从帛本看，不是"廉""肆""耀"，而是"兼""绁""朓"。"绁"乃"肆"之假借字是对的，两者系"绁"同声假借关系。"朓"后引申为"耀"，看来不对。"兼"是"谦"之借字省写。于省吾《新评》："兼应读为谦。"因而此句应读为"谦而不刺"，即谦虚而不伤人。这正是老子竭力倡导的。而"朓"：《广雅·释诂》："朓，疾也。"《玉篇·月部》："朓，疾也。"清段玉裁《说文解字·月部》引《尚书五行传》注语云："朓，条也。条达，行疾貌。"与《说文》所谓的"朓，晦而月见西方谓之朓"的意思相同。夏历月底本来是见不到月亮的，但此时月亮在西方出现，可见《说文》对"朓"的注解既有疾速的意思，也有昏暗、阴暗的意思。还有不超前超常的意思。因此，本节的诠释与今本多有不同。

⑧《老子》本章中的名言："祸兮，福之所依；福兮，祸之所伏。"几乎众所周知。这是基于丰富生活经历的概括。其实，这个论断是为下文提到的复杂政治经验总结"正复为奇，善复为妖"作铺垫的。这才是此章的中心啊！可惜它却很少被人提及。"复"与"伏""倚"的含义不同，《说文》："复，行故道也。"所以这两句话的译意是："正道复归于权诈，善良复归于邪恶。"祸福是相依相伏的，同样，正与奇、善与妖也是会相互转化的。本句西汉本作"正复为奇，善复为妖"。复，有恢复、转回来、转过去之意。西汉本进一步证明《老子》的"正复为奇"正是接着今本五十六章的"以正之国，以奇用兵"而来的。这里需要特别说明的是：与今本的"以政治国"不同，帛书甲、乙本、楚简本、西汉本《老子》均作"以正之国"。四种最古本皆为"正"与"之"，我们哪能不

注意它含义的差别呢？"之"不通"治"，这里作"为"字解（详《汉语大辞典》）。怎样"以正为国"呢？老子的药方非常简单："我无为而民自化，我好静而民自正，我无事而民自富，我欲不欲而民自朴。""我"是指侯王、君主、统治者。他的为国为民，要无私为、无私欲、无私事，不以一己之私扰国扰民，用现代话说，绝不从私利出发，好静，少欲，这即"正"。说起来真是太简单了，不过，实际很难办到。再看何谓"以奇用兵"，用《孙子兵法·势篇》的话说："凡战者，以正合，以奇胜。故善出奇者，无穷如天地，不竭如江海。……战势不过奇正，奇正之变，不可穷也。"用今天的话来说，以奇用兵就是善于创造作战方式，善于选择敌人想不到的攻击时间，善于选择敌人想不到的主攻方向。能否"以奇之国"呢？显然不能使用对付敌人的办法来对待自己的人民，而是要"以正之邦"。但是，《老子》本身就有不少用"奇"的部分，比如不尚贤、愚民、抑制知识阶层，虽然这是为了返璞归真，但毕竟近于"奇"（也许，《老子》并不认为它是"奇"）。而比如欲擒故纵的"将欲弱之，必固强之；将欲灭之，必固兴之"，那是货真价实的"用奇"了，这奇既可对付外敌，又可对付内敌、政敌。而对于人民，《老子》并不主张用奇，而是反对用奇。但是君主、为政者往往既主军、又主政，如吴起、商鞅等既是军事家、又是政治家，这本身就存在着正复为奇的危险性。对于他们来说，正奇之变，不费吹灰之力。何况祸福相通，福祸转化，为国本来是以正不以奇，如果君王、为政者一味标榜自己的正确、伟大，从而骄傲自满，那么他就会变得刚愎自用、急急忙忙，会干出许许多多不是顺应自然，而是出于私心私欲的作为，就会以奇治民，借用兵诡奇之术，正复为奇，善复为妖，也就是将兵不厌诈变为政不厌诈，将兵以诈立变为政以诈立。这样，就会把正确变为谬误，善良变为邪恶，正道变为诡诈，伟大变为渺小，光明变为黑暗。对于这些，不要说芸芸众生，就是一般的智者、士人，也都是迷迷糊糊的。"人之迷也，其日固久矣。"为此，《老子》开出了两条防止对待人民"正复为奇，善复为妖"的方略，即此章的"方而不割，谦而不刺，直而不绁，光而不眺"——光亮而不超前超常，这些在今本是看不出来的！这是今本的第七大错，如果人君缺乏"闷闷"，而是一味"察察""夬夬"，那么绝不可能转祸为福。而是"政以诈立"！

【译文】

君主对能不能以正为国感到忧虑，他的人民就忠厚；君主对正道为国一味标榜，他的国家就会刚愎自用。灾祸，依傍着幸福；幸福，潜伏着灾祸。谁知道它的极限呢？这就是为什么以正为国难以为常的缘故。方正可以变为权诈，善良可以变为邪恶，而人们对它的迷误呀，由来已久啊。所以方正而不生硬固执，直率而不肆无忌惮，光亮而不超常超前。

大家读老子

三十一①

没有比富民重农更为重要的了

（●）给人事天莫若嗇②。夫唯嗇，是以早备③，早备是谓重积德，重积德则无不克，无不克则莫知其极，莫知其极，可以有国，有国之母，可以长久。是谓深槿、固氐④、长生久视之道。

【注释】

①今本五十九章。楚简本有此章。此章基本取楚简本文字，缺损部分由帛本补足。帛、今本关键文字错了，是韩非一手造成的，此章文字诠释异于今本。

②帛本、今本此句为"治人事天莫若嗇"，两千多年一直根据韩非的"嗇之者，爱其精神，嗇其智识也"（《解老》）的诠释，理解为"治理人民事奉上天，没有比吝嗇精神更好的了"。这就是"重积德"、就是"可以有国"之妙策。但是楚简本《老子》却作"给人事天莫若嗇（稼）"。《说文》："给，相足也。"而"嗇"通"稼"，务农之意。译为白话，即"富足人民事奉上天，没有比务农更重要的了"。这才叫"重积德"，才能"长生久视"。可见，韩非这样的大思想家、大文豪，也会有失误，乃至重大失误。

③帛本、西汉本、今本作"是以早服"，指早服从道理；而楚简本作"是以早备"，指早有准备，显然是承接务农而来的。帛本、西汉本、今本文字违情悖理，楚简本的文字通情达理。笔者曾撰文、著书反复申述，

一再考订字形字义，验之以文例与历史。可惜认可者极少，可悲！

④今本作"深根固柢"，帛书甲本作"深檀、固氐"，帛书乙本作"□根、固氐"。"檀"，不同于"根"，《玉篇·木部》："檀，柄也。"另"氐"，《玉篇·氐部》："氐，本也。""柢"虽通"氐"，但往往理解为树的主根，而其本义为"本"。且联系上文"有国之母"来看，"檀"，即国柄也，所以"深檀、固氐"，即深藏国柄、巩固根本。

【译文】

富足人民、事奉上天，没有比务农更重要的了。唯有务农，才能早作准备早作预防。早作准备，这叫不断积累功德。不断积累功德就没有克服不了的困难。没有克服不了的困难，就不知道它至中至高的栋梁所在，不知道它至中至高的栋梁所在，就可以享有国家，就掌握了国家的根本，可以长治久安。这就叫深藏国柄、巩固国家根本、长生久视之道啊！

大家读老子

三十二①
治大国，忌折腾

（●）治大国若烹小鲜②。

【注释】

①今本六十章首句。

②今本六十章包含两个内容：一是治国忌折腾；二是道比鬼比神重要。这不是一回事。《论语》的"性相近，习相远""唯上智与下愚不移"，按说其义相近相属，但在《阳货》篇则分属两章。《老子》今本六十章这义不相属的两个论点，当各为一章，分开后，文义清楚多了。

前一章谈的是富民没有比务农更为重要的。这里紧接着说：治大国像煎烹小鱼，不可折腾，不要烦政扰农。真是顺理成章，一环扣一环。自然经济，一是赖风调雨顺，二是靠简政宁民。往往后者比前者还显得重要。令烦则民诈，政扰则农不定。韩非说："事大众而数摇之，则少成功；藏大器而数徙之，则多败伤；烹小鲜而数挠之，则贼其泽。"治国像烹鱼，一折腾，鱼汤变成了鱼酱，非乱不可。楚简本无此章。第一，说明帛本此句即一章是对的；第二，可见它是顺着以上思路而来的；第三，也证明楚简本上章的文字正确。如果说韩非在诠释"啬"字上大错特错，他在"治大国若烹小鲜"的诠释上则正确至极！

【译文】

治理大国好像煎烹小鱼。

三十三①
道在鬼神之上

（●？）以道立天下，其鬼不神。非其鬼不神也，其神不伤人也。非其神不伤人也，圣人亦弗伤人也。夫两不相伤，故德交归焉②。

【注释】

①今本六十章除首句之外部分。楚简本无此章。

②楚简本、帛本、西汉本、今本同，无歧义。

【译文】

以道治理天下，鬼魅就不灵验了。不但鬼魅不灵验，神也不会伤害人。不但神不会伤害人，圣人（圣君）也不敢伤害人。由于两者都不会伤害人，所以他们的德就融为一体了。

大家读老子

三十四①
大者宜为下

（●）大邦者，下流也，天下之牝，天下之交也。牝恒以静胜牡，为其静也。故宜为下。大邦以下小邦，则取小邦；小邦以下大邦，则取于大邦。故或下以取，或下而取。故大邦者不过欲兼畜人，小邦者不过欲入事人。夫皆得其欲，则大者宜为下②。

【注释】

①今本六十一章，楚简本无此章。

②楚简本、帛本、西汉本、今本同。

【译文】

大的国家，就像处在江河的下游，是天下雌柔的一方，是天下水流交汇之地。雌柔常以沉静制服雄强，是因为她沉静。所以大国宜于谦下。大国用谦下对待小国，就会取得小国的归附；小国以谦下对待大国，就可以取得大国的保护。所以或者用谦下取得小国的归附，或者用谦下取得大国的保护。因为大国无非是想兼有或支配小国，小国无非是想依附大国。这样大国小国都满足了各自的愿望，因此，大国尤其应该谦下。

三十五①
向天子、执政者的进言

（●）道者，万物之注也，善人之宝也，不善人之所保也。美言可以市，尊行可以加人。人之不善也，何弃之有？故立天子，置三卿，虽有拱之璧以先四马，不如坐而进此上。古之所以贵此〔道〕者，何也？不谓以求得，有罪以免与？故为天下贵②。

【注释】

①今本六十二章。楚简本无此章。

②帛本、西汉本与今本同，无歧义。

【译文】

道这个东西，万物都归属它主宰，善的人主以它作为宝贝，不善的人主也靠它来保护自己。赞美人主的话，可以换取人主的欢心，做尊崇人主的事，可以赢得加官进爵。〔但是〕人主不善之处，又抛弃了哪些呢？所以拥立天子，三卿就职，与其举行进献玉璧骏马的礼仪，还不如用"道"来作为献礼。自古以来道之所以被重视，原因是什么呢？难道不是说重视道可以求善得善，有罪过可以避免吗？所以才为天下所重视。

三十六①
为，而示之无为；事，而示之无事

■●②为无为，事无事，味无味。大小多少③④。报怨以德。

【注释】

① 今本《老子》六十三章之前五句。诠释异于今本。

② 分章点为楚简本、帛本、西汉本原有，四古本与今本文字同。

③ 今本《老子》六十三章是由三组（或四组）互不相属的论断组成的。楚简《老子》也有此章，它的分章点就说明了六十三章不是一章。而应是三章。

《孙子兵法·计篇》曰："故能而示之不能，用而示之不用，近而示之远，远而示之近。利而诱之，乱而取之……"军事上如此，政治上是否也有类似的主张呢？"为无为，事无事，味无味"，能否套用《孙子》的话说，也是"为而示之无为，事而示之无事，味而示之无味"？要不然敌国会钻空子，臣下也会闻风而起，"上有所好，下必甚焉"，因事生事，扰民害民，岂不会把事弄糟？何况还要瞒过敌国的窥探呢。《孙子兵法·虚实篇》又说："形兵之极，至于无形；无形，则深间不能窥，智者不能谋。"即用兵的极至在于迷惑敌人，不露一点真迹，连埋藏得很深的间谍也不能窥测到实情，即使很有智谋的人也无法设谋。"为无为，事无事，味无味"，是否有类似的考虑？先秦诸子及历史典籍曾多次提到春秋时期的三件政治事件："齐桓公好味，而易牙烹其首子而饵之；虞君好宝，而晋献以璧马钩之：胡王好音，而秦穆公以女乐诱之。"因为齐、虞、胡三国国君示人以"好味""好宝""好音"，结果被臣下及敌国投其所好，招致国乱、国弱、国亡。这岂不就是倡导国君为、事、味不示于人之来由？

④楚简本此三句为"为亡为，事亡事，味亡味"。所谓"亡"，隐去也。也就是君主所为所事所味、隐而不宣，秘不示人。申不害曾说："善为主者，倚于愚，立于不盈，设于不敢，藏于无事。"（《申子·大体》）这里的"藏于无事"即"事无事"。他反复告诫国君："慎而言也，人且和女；慎而行也，人且随女；而有知见也，人且匿女；而无知见也，人且意女；汝有知也，人且藏女；汝无知也，人且行女。"（《韩非子·外储说右上》）译为白话就是：你的言论要谨慎，因为别人将会了解你；你的行动要谨慎，因为别人将会跟从你；你的智慧谋虑显露出来，别人会隐瞒真情欺骗你；你没有暴露什么，别人将推测你；你有所知，别人会躲避你；你无所知，别人就会行其所行。所以"惟无为可以规之"。不仅法家、道家，而且儒家也持相同主张。如董仲舒《春秋繁露·立元神》："故为人君者，谨本详始，敬小慎微，志如死灰，形如委衣，安精养神，寂寞无为，休形无见影，掩声无出响，虚心下士．观来察往。"岂不也是类似主张？

【译文】

为而示之无为，事而示之无事，不要显示自己的口味，爱好，兴趣。这样就能大事化小，多事化少。用这样的德行来报答人们的怨恨。

三十七①
圣人始终不好大喜功

■②图难乎，于其易也，为大乎，于其细也。天下之难作于易，天下之大作于细。是以圣人终不为大③，故能成其大。

【注释】

①今本六十三章之二。楚简本有此章，但极简略，而且内容又主要涉及下章，总之说明六十三章乃多章合成，分开后，文义清晰。

②楚简本之分章符号。

③此章中心乃君王"始终不好大喜功"。而展开了以下一系列说教。所以像今本《老子》六十三章合为一章，未必不可，但分开后，使文义更清晰。

【译文】

处理困难的事情呀，要从容易处着手，要干大事业呀，先从小事做起。天下的难事都是从容易处做起的，天下的大事业都是从小事做起的。因此圣人做事始终不好大喜功，所以才能成就他的伟大事业。

三十八①
轻诺必寡信

■②夫轻诺必寡信，多易必多难。是以圣人犹难之③，故终于无难。

【注释】

①今本六十三章之三。

②楚简本之分章符号。说明六十三章不是一章。

③前面是说圣人始终不好大喜功，这里接着又说圣人总是充分估计困难，不然"轻诺必寡信"，必放空炮，闹大笑话！

【译文】

轻易许诺势必缺少信誉，料事多易势必困难重重。因此圣人总是充分估计困难，所以最终能够克服困难。

大家读老子

三十九①
治之于未乱

■②其安也，易持也。其未兆也，易谋也。其脆也，易判也。其微也，易散也。为之于其未有也，治之于其未乱也。

【注释】

①今本六十四章之一。楚简本有此章，文字略有不同。根据上章的分章，此章不属于警示好大喜功者的部分，而是另外一个论题，即"为之于未有，治之于未乱"。六十四章理应是多章合成。

②楚简本分章符号。四古本与今本文字无歧义。

【译文】

当局面稳定时，容易把持。当事物尚未形成前，容易采取对策。当问题处于脆弱之时，容易消解。当问题萌芽之时，容易化除。防止问题发生要在它没有形成之前，治理祸乱要在未乱之时。

四十①
合抱之木

■②合抱之木，生于毫末。九成之台，作于累土。〔千里之行〕，始于足下③。

【注释】

①今本六十四章之二。楚简本有此章，且"足下"有分章符号。

②楚简本之分章符号。

③楚简、帛本、今本此章（及前后数章），文字大同小异，文义晓畅，歧义不大。

【译文】

合抱粗的大树，由幼芽长起。九层的高台，是由一筐筐泥土垒起来的。〔千里的行程〕，是从足下一步步走出来的。

大家读老子

四十一①
固执己见，必然远离规谏

■②为之者败之，执之者远之③。是以圣人无为也，故无败也；无执也，故无失也。

【注释】

①今本六十四章之三。楚简本有此章，诠释略有不同。

②楚简本之分章符号。

③此句楚简本作"执之者远之"。今本、帛本、西汉本作"执之者失之"，理解为"拿的人才可能丢失"，当然也讲得通。但义浅，楚简本作"远之"，不是"失之"，即君王固执己见，必然会远离进谏、进言者，这才是《老子》本意。因为这是"治之于未乱"的一个要点，在君人南面术中不可缺。

【译文】

事事躬亲的人必定失败，固执己见的君上必然远离规谏。由于圣人无为，所以就没有失败；不固执己见，所以就没有失误。

四十二①
慎终若始

■②民之从事也，恒于其成事而败之③。故慎终若始，则无败事矣。

【注释】

①此两句乃今本六十四章之四。楚简本有此章，丙篇有分章点。

②楚简本之分章符号。

③此章意在提醒统治者要从"民"中汲取教训：慎终若始。

【译文】

民众做事，常常在事情快要成功的时候失败了。所以办事要慎始慎终，这样就不会有失败的事了。

大家读老子

四十三①
君主的追求和学习必须与常人不同

■②圣人欲不欲，不贵难得之货；学不学③，而复众人之所过；能辅万物之自然而弗敢为。

【注释】

①今本六十四章之五。楚简本有此章。诠释异于今本。

②第一，楚简本丙篇在此处有分章点。帛本无"是以"二字。可见此乃另外一章。而楚简本之分章点又是进一步的证明。

③第二，《尚书·仲虺之诰》说："惟天生民有欲，无主乃乱。"天生下老百姓，他们就有七情六欲，如果没有君主，就会乱起来。对于君主来说，自然也有七情六欲。但是君王的权、利、名等各种欲望无不超标准地、极其充分地予以保证和满足。如果君王再欲求不已，那会乱得一塌糊涂，这时又有谁来制止君王的多欲呢？所以老子提出了"我无欲而民自化"等方略，企图遏制君王之欲。这里的"欲不欲"另有所指，过去多是这样理解此章："圣人的欲望就是不欲，不贵重稀有的物品；圣人的学问就是不学，以补救众人的过错……"这虽然与字义相符，却有违情理。圣人的不学，居然能补救众人的过错，会有这种特异功效？令人难解。不学不知、无欲无为之辈近于"圣人"，那么做一个圣人岂不再容易不过？

第三，"学不学"是要学那常人所不能学的东西，指的是"圣人"。而所谓"圣人"，用今天的话来说，是融道德、哲学、政治于一身的理想的为政者、为学者，即圣君。

圣君圣人之欲之学，不仅与普通人君有别，也与臣下民众之欲之学有别。他特殊的、独一无二的地位，决定了他特殊的独一无二的欲与学。人君之所欲所学，乃臣民之所不能欲不能学、不敢欲不敢学之欲之学。它是更高层次、更深层次、更独特的欲与学。因此谓之"欲不欲""学不学"。只有如此，才能如严遵所说："思无思之思，求不求无求。"人君之思，人君之求，大异常人。如此才能"达人之所不能通，穷人之所不能测，成人之所不能为，有人之所不能得。"而这一切又只能意会不能言传。而对君王来说，还得装扮成高深莫测、若醉若痴、和蔼可亲、若无所知的模样。用严遵的话说，叫做："心志玄玄，形容睦睦，卧如死尸，立如槁木，不思不虑，若无所识。"

第四，此章的欲不欲、学不学与上章的为无为、事无事、味无味是君人南面术中的重要部分。《老子》中如此重要的思想其实有不少，只是"一锅煮"在与之无任何联系的论点中了，实属可惜之至。

【译文】

君人者追求常人所不能追求的境界，不看重金玉等难得的财富；学那常人所不能学的东西，用以弥补众人的过错；能够顺应万物的自然发展而不敢妄自去做。

大家读老子

四十四①
不是使人民聪明，而是使人民愚昧

（●）古之为道者，非以明民也，将以愚之也。夫民之难治也，以其智也。故以智知邦②，邦之贼也；以不智知邦，邦之德也。恒知此两者，亦稽式也。恒知稽式，此谓玄德③。玄德深矣、远矣！与物反矣，乃至大顺。

【注释】

①今本六十五章。楚简本无此章，帛本、西汉本文字相同。诠释略不同于今本。

②今本为"治国"，帛本为"知邦"，西汉本避汉高祖刘邦讳，全都改为"知国"。改"治"为"知"或"智"，哪一个正确？这里取"智"，以与"愚"相吻合、相对应。

③玄德，隐而不宣之德。《尚书·舜典》有"玄德升闻"之语。

【译文】

古时行道的人，不是让人民聪明，而是使人民愚昧。人民之所以难于统治，是因为他们有智慧。所以用智者来管理国家，那就是国家的祸害；不用智者来管理国家，那就是国家的德行。经常记住这两点，也是一条法则。经常记住这条法则，这就叫作隐而不宣的德行。隐而不宣的德行多么精深幽远啊！〔它如能〕与万物返璞归真，就能达到大顺的境界。

四十五①
"天下莫能与之争"的妙策

（●）江海之所以能为百谷王，以其能为百谷下，是以能为百谷王。以圣人之在民前也②，以身后之。其在民上也，以言下之。故居前而民弗害③也；居上而民弗重也；是以天下乐推而弗厌也。非以其无争与？故天下莫能与争。

【注释】

①今本六十六章，楚简本、西汉本大致同。诠释有异于今本。

②《尚书·五子之歌》中的前两段，据说是陈述大禹告诫的："皇祖有训：民可近，不可下。民惟邦本，本固邦宁。予视天下愚夫愚妇，一能胜予……"用现代汉语解释，即"对于老百姓，只可以亲近，不可以认为他们卑下。老百姓是国家的根本，老百姓稳定了，国家才得安宁。我认为天下的一个平民也能胜过我这个君王……"这是民本思想的源头。而按照法家的设计，君王务必保持至尊、至贵、至隆、至上的位势，民本思想已经无影无踪。而老子替君侯及圣人设计的是"能为下""不争""身后""言下"，即用言辞表示谦下，顺从民意，把自身利益放在人民的后面。这是两种截然不同的方案。

③楚简本、帛书甲乙本、西汉本文句相似度很高，但楚简本之"下之""上民""民前"，显得自然而然，帛本、今本变成"善下之""欲上民""欲先民"，就显得有心、有欲、有目的，有了做作、权术之嫌。

此处基本取楚简本文字。严遵解释本章说："非求民也，民求之也；非利民也，民利之也；非尚民也，民尚之也；非先民也，民先之也。"似乎又有"吃小亏占大便宜"的寓意。总之，这确实是政治的辩证法，也许可以说是"老子术"中之珍宝。

【译文】

江海之所以能够成为容纳百川之王，是因它处于百川的下游，所以它能够成为百川之王。因此圣人要想高居于民众之上，必须把自身的利益放在民众之后。他要率领民众，必须用言语向民众表示谦下。所以圣人处在民众之前，民众不感到有害；圣人高居于民众之上，民众不会感到压迫；天下的民众都乐于拥护他，而不厌弃他。这难道不是他与民无争吗？所以天下没有谁能和他竞争。

四十六①
小邦寡民的理想国

●小邦②寡民。使十百人之器毋用。使民重死而远徙，有车舟无所乘之，有甲兵无所陈之。使民复结绳而用之，甘其食，美其服，乐其俗，安其居。邻邦相望，鸡狗之声相闻，民至老死不相往来③。

【注释】

①今本八十章。楚简本无此章。本章旧本章次与大一统的现实产生矛盾，两次被有意调整。

②帛本之分章点。今本及帛书乙本皆为"小国"，帛甲本为"小邦"，一来证明甲本抄写于刘邦之前，二来证明古貌当为"邦"，否则"国"再小也不能相望。

③此章与下章，帛、今本最大的不同在于后人在章次的排列上做了手脚，造成整个文理结构、思路顺序的模糊。此章为今本倒数第二章。而在帛书《老子》中，它属中间章，即今本六十六章后。从帛本文义看，理当如此。因为在前四十四章中，老子设计了一种理想的人民——愚朴，接着老子又设计了一种理想的统治者——谦下、"后身"。在这一章里老子又设计了理想的国家——"小邦寡民"，岂不顺理成章？秦汉之后，《老子》的主张与大一统的现实太不协调。删去此章，或者修改某些文字，估计都有人考虑过，然而都没有这么办。因为此章之幻想性质显而易见，无

须修改，故还是保留了下来。但是，最后还是将其从《老子》中间章调到倒数第二章上去了。

【译文】

　　国家要小，人民要少。虽有高效的工具却不去使用。使人民爱惜生命避免向远处迁移。虽有车船却没有人去乘坐，虽有军队却没有用武之地。让人民重新回到结绳记事的时代，感到自己的食物香甜，觉得自己的衣服华美，喜欢自己的风俗习惯，满意自己的居住环境。邻国之间相互可见，鸡狗的叫声能够相互听到，人们直到老死也互不往来。

四十七①
善者不多，多者不善

（●）②信言不美，美言不信；知者不博，博者不知；善者不多，多者不善③④。

【注释】

①本章系今本八十一章前半部分，其中关键的文字是直指帝王及其左右的。可能因此文字遭到改动，章次也被调至最后。

②帛甲本在"圣人无积"前，清清楚楚地标有分章点，标明后面三十三字，与此前六句并非一章。从文义上看，两者也毫不相干。此六句乃是知言、知学、知德的一组论断，当是独立的。

③从章次结构上看，此章在帛本中的位置，相当于今本六十六与六十七章之间，而不是八十一。在谈论理想的人民、理想的君主、理想的国家之后，老子提出了知言、知学、知德的论断，再下去即是关于"圣人无积"的说教，而接下去（今本六十七章）就是对"不妄自尊大"以及慈、俭、不敢为天下先的说教。显然帛本的章次顺序是符合《老子》思路的，是合理的。

④"善者不多，多者不善"两句是据帛乙本补足。如果仅仅如此，还只能视之为孤证。因为帛书甲本掩蚀了。要是先秦思想家、史官以至史籍、文献没有类似言论的话，那么帛本此组文字只能存疑，但他们确有类似的言论。首先，荀子引《古文尚书·大禹谟》"人心惟危，道心惟微"的论断，这是否像"善者不多"？其次，《今文尚书·无逸》记载周公对

殷商三十一位王的评价，只有三位君王能恭敬谨慎地治理政事，不贪图安逸，"能保惠于庶民"，其他统统是"生则逸，不知稼穑之艰难，不闻小人之劳，惟耽乐之从"，这岂不是"善者不多"的具体化呢？其三，诸子百家在这一方面，有不少类似的言论，先看道家：

《庄子·胠箧》："天下之善人少而不善人多。"同书《徐无鬼》："捐仁义者寡，利仁义者众。"即为仁义献身的少，想从仁义中得到好处的人多。显然这是"善者不多"论。

《管子·侈靡》："贤者少，不肖者多。"

《文子·微明》将天下之人分为二十五种："上五有神人、真人、道人、圣人、至人。"这些人不用说属"善者"。然而，如此之"善者"却是不多的。

再看墨家：

《墨子·法仪》说："天下之父母者众，而仁者寡。""天下之为学者众，而仁者寡。""天下之为君者众，而仁者寡。"这岂不是"善者不多"论的翻版与改进？

再看黄老学派：

《尹文子·大道上》："今天地之间，不肖实众，仁贤实寡。"

在相同的历史背景下，也形成了孔子的善者不多观。《论语·述而》："善人，吾不得见之矣。得见有恒者，斯可矣。"这岂不是"善者不多"观？《论语·卫灵公》："知德者鲜矣。"《论语·子罕》："吾未见好德如好色者也。"可见，对于为君、为政、为学者的道德水平，孔子也是持"善者不多"观的。

其四，史籍的记载更多：《汉书·十三王传》中有段话较能集中体现这一点："昔鲁哀公有言：'寡人生于深宫之中，长于妇人之手，未尝知忧，未尝知惧。'信哉斯言也！……汉兴，至于孝平，诸侯王以百数，率多骄淫失道。何则？沉溺于放恣之中，居势使然也。"居势使得多数侯王骄、奢、淫、私。

由此可见，《老子》原文当有、必有"善者不多……"。

【译文】

真话不一定好听，好听的话不一定真实。知识专精的人不一定广博，知识广博的人不一定专精。善人不多，多数人不善。

大家读老子

四十八①
只施予而不争夺

●圣人无积，既以为人，己愈有；既以与人矣，己愈多。故天下之道，利而不害；

〔圣〕人之道，为而弗争②。

【注释】

①今本八十一章之后半部分。它与前面的文义不相属，而且帛书本又明明标有分章点。独立成章毫无疑义。楚简本无此章。

②此章帛书、西汉、今诸本，无歧义。

【译文】

圣人无所谓积聚与不积聚财富，因为他们尽量帮助别人，自己反而更加富有；他们尽量给予别人，自己得到的反而更多。所以天的原则是对万物有利而不害，而圣人的原则是只施予而不去掠夺。

四十九①
天下都说我伟大，不像吧？

（●）天下皆谓我②大，大而（尔）③不肖。夫唯大，故不肖。若肖，细久矣④！

【注释】

①今本六十七章前半部分。楚简本无此章。此章直指妄自尊大的侯王，为帝王所讳，文人不敢明言。文字诠释异于今本。

②王弼本为"我道大"，帛本及其他今本皆无"道"字。

③"而"非连词，乃"尔"之同音假借字。

④今本六十七章前半部分实际上谈侯王不要妄自尊大，后半部分谈慈、俭、不敢先。人们往往津津乐道慈、俭等"三宝"，却很少谈及侯王妄自尊大。分之为二，前面的不妄自尊大才得以显现。严遵本谷神子注曰：

"天下谓我大"，注曰："与我名也。"

"似不肖"，注曰："象无形也。"

"夫唯大"，注曰："德隆盛也。"

"故似不肖"，注曰："反类病也。"

"若肖"，注曰："众所荣也。"

"久其小矣"，注曰："逆天行也。"

《韩诗外传》有一则孔子的话："孔子曰：明王有三惧，一曰处尊位而恐不闻其过，二曰得志而恐骄，三曰闻天下之至道而恐不能行。"如果

大家读老子

天天"万岁"、时时"伟大""吾皇圣明"不离口，"闻其过""不骄"恐怕也难矣哉。

伟大或强大，在世人并不称颂的时候，的确是伟大的、强大的。当天下都齐声高呼时（"众所荣也""与我名也"），它的推动力是什么？其潜在的危险性是什么？这就值得思考了（"反类病也"）。如果陶醉于彼，那么将由伟大变为渺小，也许早就开始"逆天行也"。

到了王弼时，"我"字后被加了个"道"字。成了"我道大"。为什么加？是否因为避祸而加？可想而知。它给注家以梯阶，绕过主题而言他。今天，就没有必要再以"我道大"释之了。

严遵之注，必传千古！

【译文】

天下都说我伟大，这"大"，你不像吧。正因为只有你伟大，所以不像。如果像的话，那它早就渺小了！

五十①
向侯王献三宝：慈、俭、不敢为天下先

（●？）我②恒有三宝，市而保之。一曰慈，二曰俭，三曰不敢为天下先。夫慈，故能勇；俭，故能广；不敢为天下先，故能成事长。今舍其慈，且勇；舍其俭，且广；舍其后，且先；则必死矣。夫慈，以战则胜，以守则固。天将建之，以慈恒之③④。

【注释】

①今本六十七章后半部分。楚简本无此章。

②此"我"，也是指侯王、统治者，与上章之"我"同。

③④帛书、西汉、今本无歧义。《论语·泰伯》也有类似思想：关于禹的为君，孔子说："禹，吾无间然矣。菲饮食，而致孝乎鬼神；恶衣服，而致美乎黻冕；卑宫室，而尽力乎沟洫。"——"关于大禹之为君，我没有任何挑剔的。自己的饮食菲薄，却尽心孝敬鬼神；自己的常服简陋，参加祭祀活动时所穿的礼服却非常华美；自己的宫室卑陋，却尽心尽力于治水利民。"这与老子对慈俭的提倡，是相通相承的。

【译文】

我永远掌握着三件法宝，并求取它们的保护。第一件法宝是慈爱，第二件法宝是节俭，第三件法宝是不敢抢天下之先。由于慈爱，所以士兵能够勇敢；由于节俭，所以能够宽裕；不

敢抢天下之先，所以事业能够成功和长久。如今舍弃慈爱，只求勇敢；舍弃节俭，只求宽裕；舍弃退让，只求争先；这就必然遭致灭亡。由于慈爱，用于征战就能取得胜利，用于守卫国家就能稳固。天将建树谁，就用慈爱去保卫他。

五十一①
不争之德是不逞武勇、不怒、谦下

（●）善为士者不武，善战者不怒，善胜敌者弗〔争〕，善用人者为之下。是谓不争之德，是谓用人，是谓配天。古之极也②③。

【注释】

①今本六十八章，楚简本无此章。

②帛本、西汉本、今本基本同，无大歧义。

③"古之极也"，即"古之极至"，可谓至极之评语。

【译文】

善于带兵的人不逞武勇，善于打仗的人不易被激怒，善于胜敌的人不轻易与敌争战，善于用人的人谦下对人。这叫不争的德行，这叫用人之道，这叫与天道相符。这就是自古以来的至高原则。

五十二①
祸莫大于无敌

●用兵有言曰：吾不敢为主而为客，吾不敢进寸而退尺。是谓行无行，攘无臂，执无兵，乃无敌矣。祸莫大于无敌②，无敌则近亡吾宝矣。故〔抗〕兵相若，则哀者胜矣。

【注释】

①今本六十九章。楚简本无此章。帛本、西汉本、今本文字基本同。

②河、严、王本作"轻敌"。帛本、西汉本及傅本此句作"无敌"，义深。

【译文】

兵家曾经说过这样的话：我不敢主动挑起战争而宁愿做应战的准备，我不敢贸然前进一寸，而宁作后退一尺的考虑。这就叫能行动而做不能行动的打算，能抵御而做不能抵御的安排，拿着武器要做没拿武器的设想，这样就能战胜一切敌人。最大的灾祸莫过于处于无敌状态，无敌状态几乎使我丧失三件法宝。所以力量相当的两军对阵，悲愤的一方定会获得胜利。

五十三^①

知我者稀

（●）吾言甚易知也，甚易行也。而人莫之能知也，而莫之能行也。言有宗，事有君，其唯无知也，是以不我知。知我者希，则我贵矣。是以圣人被褐怀玉^②。

【注释】

①今本七十章。楚简本无此章。

②帛本、西汉本、今本无大歧义。本章讲老子的怀才不遇。这使人想起了《论语·子罕》孔子的话："凤鸟不至，河不出图，吾已矣夫！"——"凤鸟不飞来，黄河不出图，我这一生也将要完了！"恐怕是同样的感叹！

【译文】

我的话很容易理解，也很容易实行。然而人主却不能够明白，也没有谁去实行。说话要有宗旨，做事要有主宰，由于人主不懂得这个道理，所以他就无从了解我。知道我的人很少，取法我的人则更难得了。所以圣人外表简陋而内怀美玉。

五十四①
知道自己无知，才最高明

（●）知不知，尚矣。不知不知②，病矣。圣人之不病，以其病病也，是以不病。

【注释】

①今本七十一章。楚简本无此章。

②帛甲本作"不知不知"，帛乙本与西汉本作"不知知"——以不知为知。从帛甲本。此章思想与孔子的"知之为知之，不知为不知，是知也"固然相通，但孔子的言论是对学生而言，而老子是向君上——"圣人"的建言，所以"不知自己的无知"是言中之至要。

【译文】

知道自己的无知，高明啊！不知道自己的无知，这就是有病呀。圣人之所以不犯这病，是因他把病当作病，所以他才不犯这种病。

五十五①
更大的威压将来临

（●）民之不畏畏（威）②，则大威将③至矣④！

【注释】

①今本七十二章之前两句。楚简本无。帛甲本缺文，全据帛乙本补。分章、文字、异于今本。

②帛乙本有"之"字，之，至也；西汉本与今本无。"民畏威"是常态，"不畏威"是变态。"之"说明由畏到不畏的过程。不可省略。《广雅·释言》："畏，威也。"

③帛乙本有"将"，"大威"，大的威压，"将至"即可至，也可不至。西汉、今本无"将"字。另，帛本有"矣"字。从帛本，补"之""将"二字。

④此章文义含糊，一是因为今本分章不当。读今本七十二章，难以怀疑其分章不当。但是帛本在此两句之后却有分章点，证明七十二章并非一"章"，再细读帛本文字，可知分成两"章"才是正确的。真是一点万金，对破译《老子》作用极大。二是此章共十一个字，竟有两个字被错删（之、将），一个字被误释（畏）。

对第二句，河上公注曰："威，害也，人不畏小害则大害至，谓死亡也。"严遵本谷神子之注"民不畏威"曰："易为非也。"注"大威至"曰："身分离也。"可见谷神子这两句是说：当人民发展到藐视统治阶级的权威时，统治阶级必定报以更大、更严厉、更恐怖的威压。历史也一再证明这一点。也许那更大的威压与恐怖能将人民的蔑视平息下去，获得一时的平静；也许会酿成更大的祸乱。但是，老子究竟是在为统治者出谋献策，还是在总结历史经验呢？看来，两者兼而有之。从后面诸章的文字看，《老子》主要是告诫统治者，最好是不要造成"民之不畏威"的局势。如若事已至此，那就不能心慈手软——"大威至"。

但是，这还不能认为是《老子》的首创。春秋时代对此的论述要详尽得多。如《左传·昭公二十年》有段记载："郑子产有疾，谓子大叔曰：'我死，子必为政。唯有德者能以宽服民，其次莫如猛。夫火烈，民望而畏之，故鲜死焉。水懦弱，民狎而玩之，则多死焉，故宽难。"孔子称赞这种主张。他说："善哉！政宽则民慢，慢则纠之以猛。猛则民残，残则施之以宽。宽以济猛，猛以济宽，政是以和。"

两人的基调是"宽难""莫如猛"；但又要"宽以济猛"。试看下述各章的思想，《老子》与子产、孔子的思路基本上相同，只是其表述的侧重不同罢了。

最后需要说明：五十五章至六十六章这十二章（今本七十二章至七十九章，共八章），楚简本统统没有。这是一个重要的时代标记，它有助于我们理解春秋时代"民不畏威"的现象少而弱，而战国时代"民不畏威"的现象多而强。

【译文】

人民到了不害怕统治者的权威时，则更大的威压即将来临。

五十六①
不要阻断人民的安居乐业，堵塞他们的活路

●毋闸②其所居，毋厌③其所生。夫惟弗厌，是以不厌。是以圣人自知而不自见也，自爱而不自贵也。故去彼取此④。

【注释】

①分章点为帛书甲本原有，今本七十二章后半部分，楚简本无。因古、今本《老子》分章、文字的不同，诠释异于今本。

②帛本作"闸"，闸，截断也。非今本之"狎"。"毋闸其所居"，即不要阻断、妨碍其安居乐业。西汉本作"柙"，即关兽之笼，引申为限制之意，与帛本之意近。从帛本。

③厌，西汉本同。通"压"，作"堵塞"讲。《左传》《荀子·修身》等均有其例。

④人民总是安分守己的、听话的。他们之所以发展到藐视统治阶级的权威，那是因为统治阶级使得人民没有活路了，因而或怨声载道，或铤而走险。虽然统治阶级必然要报以严厉的镇压，但这不是根本的办法。要从根本上解决这个问题，《老子》提出了三条很简单的办法：第一，不要截断人民的安居乐业；第二，不要堵塞人民的生路。人民安居乐业，有了生路，自然会承天顺地、安分守己；第三，《老子》认为办到以上这两点也不难，那就是统治者要自知、自爱，不要干那些自高自大、自我标榜、使人民不得安生的事。可惜这三条在今本中都是模糊的。

【译文】

不要阻断人民的安居乐业，不要堵塞人民的生路。只有不堵塞人民的生路，人民才不会厌恶为政者。所以圣人要有自知之明而不自高自大，要有自爱之心而不要自我标榜。因此，为政者要去掉自高自大、自我标榜，而保持自知自爱。

五十七①
知生知杀，猛宽相济

●①勇于敢者②则杀，勇于不敢者则活。此两者或利或害。天之所恶，孰知其故？〔是以圣人犹难之。③④〕

【注释】

①今本七十三章前半部分。帛本之分章点。因分章不同，所以诠释异。

②帛书甲本有"者"字，乙本、西汉本及今本无"者"字。帛甲本两句皆有"者"字，当不是笔误，后来人们省略了它。有"者"字，可以表明这是操生杀权柄的人对"者"字而言的；无"者"字，就容易理解成对己而言了，其意思不同，此字不可省。

③帛甲本、西汉本"是以圣人犹难之"句缺。订文据傅本补此句。

④先看章结构：今本《老子》七十三章有两点内容，前半部分是"论罚""论杀"，是一种"刚克"；后半部分谈的是"天网恢恢"，借助天来唬人，那是一种"柔克"。以前章之分章点看，此章无疑是两章。

再看章旨：林语堂将此章标题取为"论罚"。本书对其疏译姑置而不论，这标题却是标得正确的，但是还可以进一步标得更准确些："论杀。"因为前文说"民之不畏威，则大威将至矣"，这里接着就谈论如何施行"大威"之方法了。

河上公注曰："勇于敢有为，则杀其身也。勇于不敢有为，则活其身也。"

严遵疏曰："知生而不知杀者，逆天之纪也，知杀而不知生者，反地之要也。故喜怒有分，生杀有节，受天之殃，得地之罚。当怒不怒，子为豺狼，弟为虎兕；当斗不斗，妻为敌国，妾为大寇。"（《道德真经指归》）

在前面，老子说的是"民"，这里却扯到妻妾、子弟上来。为什么呢？因为"民之不畏威"，并不只是自身的问题，有时它是由君王宗室内部挑起的，如"后宫之乱"。因此这时的"杀"，不只是对民了，对那些敢于为非作歹、图谋不轨的子弟、妻妾以至大臣左右，当斗则斗，该杀必杀，不能手软。否则"妻为敌国，妾为大寇"，那就不好办了。

唐玄宗疏曰："强梁之人无所畏忌，失于谦柔，决于果敢，犯上作乱者，则是杀身之道也，故云勇于敢则杀。……人若于事静慎，敛身知退，所决在于不敢强梁犯患，则是活身之道，故云勇于不敢则活。"

可见在古人眼里，这章也是论杀与活的，岂不是猛宽相济？但其所指似乎只针对下层。《鹖冠子·天则》就说过："过生于上，罪死于下。"这是浊世所为。聪明的为政者，也要同时盯住上层。但是"勇于敢则杀，勇于不敢则活"，并不总是对的、有利的，它有时是有害的，就是圣人也难以把握。可见，在刑罚上，《老子》也不失其辩证的方法。

【译文】

勇于为非作歹的人就杀了他，安分守己的人就给他以生活出路。这两种措施既会带来好处，也会造成危害。天所厌恶的，谁知道它的究竟呢？〔所以圣人也感到难办啊。〕

五十八①
必须借助神秘的天

（●？）天之道，不战②而善胜，不言而善应，不召而自来，〔默然〕而善谋③。天网恢恢，疏而不失④。

【注释】

①今本七十三章后半部分。楚简本无。

②今本多作"不争"，帛乙本、西汉本为"不战"。"不战"义广义深。

③帛书甲本、西汉本如此。傅、范本增"默然而善谋"。"默然"虽然是文饰后之文句，但更好地表达了《老子》的宗旨，订文取"默然"。

④封建统治需要软硬兼施、恩威并重、文武相济。前面只是论杀，谈硬的。这里则谈软的，"软"也有多方面，这里只是其中之一：即借助神秘的"天"来恐吓众生。《老子》虽然不谈鬼神，却谈天道。天道既可以喻政道、教育和吓唬统治者，也可以吓唬老百姓。冥冥之中有张广大无边、疏而不漏的网，善恶必报，可得小心。所以，此章之天道不是自然规律，而是辅助刑罚和教化的另一面，也是解决"民之不畏威"中的一个极端重要环节。由于错误的分章，混两章为一章，使此章思想变模糊。

【译文】

天的法则，不用争战而善于取胜，不声不响却善于应对，

大家读老子

不用召请却自动到来，沉默无语却善于谋划。天网广大无边，虽然它的网孔稀疏，但是什么东西都不会漏掉。

五十九①
并非指责杀人

（●）若民恒且不畏死，奈何以杀惧之也②？若民恒畏死，则而为奇者吾将得而杀之，夫孰敢矣？若民恒且必畏死③，则恒有司杀者〔杀〕。夫代司杀者〔杀〕④，是代大匠斫也。夫代大匠斫者，则希不伤其手矣⑤。

【注释】

①今本七十四章。文字诠释异于今本。

②此段文字，帛书乙本作"若民恒且不畏死，若何以杀惧之也"，帛书甲本作"□□□□□□□，奈何以杀惧之也"，西汉本作"民恒不畏死，奈何以杀惧之也"，从帛书乙本。

③今本无"若民恒且不畏死"句，帛书甲、乙本皆有。前一句是"若使民恒畏死"，办法是杀为奇者。这一次是再次提出这个问题，不仅是恒畏死，而且必畏死，答复也深入一步。它加重全文的分量，不可无。

④据西汉本与今本补"杀"字。

⑤"民不畏死，奈何以死惧之"，即出在此章。多少年来，人们将它用在指责杀人上。其实它的原文原意并非如此。它本来是研究如何有效地施行刑杀的，但经过"改造"，它成了"强烈控诉"杀人的了。正因为这种理解，"老子讲德不讲刑"，似乎已经成了一种定论，其实并非如此，毛病就出在两个提问句上。

第一个提问句是开头的两句话：

"民不畏死，奈何以死惧之？"——今本如此。

"若民恒且不畏死，奈何以杀惧之也？"——帛乙本如此，甲本蚀损。

今本的文句是反诘句：人民不怕死，为什么还用死来吓唬他们？

帛乙本的文句则是正面提问句：如果人民还是经常地不怕死，怎样使用刑杀才能让他们害怕呢？

显然通行了两千年的今本文句与帛本文句有三点不同：一是"杀"而不是"死"。帛本之"杀"指刑杀，"死"则包括自然死亡，它怎么能等同"杀"？二是帛本比今本多三个字："若"（如果）、"恒"（常）、"且"（还是）。三是帛本之"奈何"即如何，亦即傅本之"如之何"。用今天的话说：怎么办？今本之"奈何"释作"为什么"。这三点不同，使得帛本的文义是一种提问式的：如何有效地实施刑杀？而今本则是指责的语气。

第二个提问句是帛本甲、乙两本专有的："若民恒且必畏死"，即"如果要使人民还是那样经常且必然怕死"，这一句在今本中找不到。换句话说，这句提问被取消了。这样一来，此章"使人民留恋生活、害怕死亡"的主题被冲淡了、削弱了。

好在，上述两个提问的答案依然保留在今本中。其一是："为奇者吾将得而杀之"。不是不杀，而是杀诡诈、带头捣乱的。其二是：让专管刑杀的机构的官员去杀——"恒有司杀者杀"，正像君王不必代替木匠去砍木头一样。第一个答案有防止滥杀的含义；第二个答案借用今天的话说就是让司法机关去判决和执行。这虽不敢说是司法独立思想的萌芽，但有防止君王滥用权威的意思。所以应当说，这是老子治民术中的合理部分。而在一些人看来，老子上述思想与其"慈"的思想及同情人民的言论不相协调。于是，思想家、注家在注疏上，乃至文字上做了手脚，突出此章不明显的含义——反对滥杀，而淡化了此章的主旨："若民恒且必畏死。"而秦亡于滥用刑罚的教训，使后来的《老子》注家更是在滥用刑罚上作文章、调整文字、变换主旨，使之成为指责刑杀之章，这实在离《老子》原意甚远。固然《老子》是真诚同情人民的，他并不鼓励杀人，也有慎刑反对滥施刑罚的思想，但他却讲究怎样杀人：只杀有头脑的带头人——"为奇者"，这就够了。《管子·正世》有段话："民者，服于威杀然后从，见利然后用，被治然后正，得所安然后静也。"这种思想当与老子思想相通。

【译文】

如果人民还是那样常常不怕死，怎样用刑杀来使他们害怕呢？如果要使人民常常怕死，就得将那些诡诈的为首作乱者抓起来杀掉，那谁还敢为非作歹呢？如果要使人民还是那样经常且必然怕死，就必须由主管刑杀的机构官员去杀。若代替刑杀的官员去杀人，就如好像代替高明的木匠去砍木头。代替高明的木匠去砍木头的人，则很少有不砍伤自己手的。

六十^①

不治是因为重赋税、夺农时、上之私欲多

●人^②之饥也^③，以其〔上〕^④取食税之多也，是以饥。百姓之不治也，以其上之有以为也，是以不治^⑤。

【注释】

①帛本分章点。今本七十五章之前半部分。今本因分章错，妄改，故诠释也错。

②帛甲、乙本为"人"，"人"较民为众。

③帛甲、乙本有四个"也"字。有"也"文义丰满。

④帛书甲、乙本、西汉本皆为"人之饥也，以其取食税多也"，脱一"上"字，订文据今本补"上"字。

⑤照今本文字看，七十五章的文义连贯，各论点相属互联，成为一章，毫无疑义。但是，从帛本看，两个分章点却明白无误地标明它们是两章，而不是一章。难道分章点标错了？不，分章点完全正确。问题出在此处本是两章，却强拉误合为一章，为了弥合这种错误，以致妄自增字，误释文义。分章点促使人们重新认真理会文义。原来今本七十五章之前半部分即此章，批评君上重赋税、夺农时，尽干那些满足私欲的事，为何删一"上"字？而下章则是说，人民之所以铤而走险，是因为他们要求温饱，内容与上章并不相同。由于并二章为一，以致后面一章妄加了一个"上"字，使得文义全非。故订文与译意如上文。

【译文】

人民之所以挨饿，是由于他们的君王征税太多，所以人民挨饿。百姓之所以不服从他的统治，是由于统治阶级的所作所为从私欲出发，因此百姓才不服从他的统治。

六十一①
人民轻生冒死，是为了温饱

●民之轻死，以其②求生之厚也，是以轻死。夫唯无以生为③者，是贤④贵生也⑤。

【注释】

①今本七十五章后半部分。帛书原分章点。今本因分章错，妄加字，被误解。

②帛书甲、乙两本"求"前无"上"字。妄加一"上"字，成了"上求"，所指变样，文义变样。

③帛书甲、乙两本，"为"后无"贵"字；妄加"贵"字，大谬。

④今本作"贤于贵生"，帛本、西汉本无"于"字。

⑤如何理解此章，值得细加思考。"民之轻死，以其求生之厚"，"其求"之"其"，乃前句点明了的"民"，而非君上。照帛本的文字看，这是无疑的。什么叫"生之厚"或"生厚"呢？《左传·成公十六年》有句话："民生厚则德正。"即人民生活丰厚，德行就端正，就不会去轻生冒死。所谓"丰厚"，用今天的话说，无非是温饱罢了。当然这不是指君上追求丰厚或温饱的生活。

人民之所以"触重禁，赴白刃，冒流矢，不顾其身"（严遵语），就在于追求"生计温厚，衣食丰足"。如果统治阶级能够"薄赋税，不夺农时"，让人民日出而作，日入而息，适形而衣，和腹而食，他们怎么会轻生冒死呢？这不比君上只顾自己养奉过奢要好上千百倍吗？这就是"无以生为者，是贤贵生"的含义，也是此章的主旨。可见此章的含义与上章不同。

但是自唐代以来，此章就走了样。首先是傅奕本妄加了"上"与"贵"两个字。"以其上求生之厚也"，这就成了"求生厚"的不是人民，而是君上。"民之轻死"，被解作"由于统治者拼命地保养他们自己的生命，所以逼得人民用生命去冒险"。"无以生为者"的本义是让人民不再为了生活去用生命冒险，加了"贵"字后，成了"无以生为贵者"，以致成了"不看重生命的人，比过分看重生命的人高明"。文字走样，文义自然大走样。

傅奕本之所以妄加二字，是因为错误地将文义不同的两章合为一章后，为衔接上下文所致。帛本不仅证明此章本无"上""于"二字，而且证明帛书《老子》分章点正确。

【译文】

人民之所以轻生冒死，是因为他们要追求温饱的生活，所以才这样轻生冒死。只有让人民不再为生存铤而走险的人，才比只顾自己过奢侈生活的人高明。

六十二^①

以柔守之的启示

●人之生也柔弱，其死也恒仞坚强。万物草木之生也柔脆，其死也枯槁。故曰："坚强者，死之徒也，柔弱^②，生之徒也。"兵强则不胜，木强则恒。强大居下，柔弱居上^③。

【注释】

①今本七十六章。楚简本无。

②帛书甲本"柔弱"后有"微细"二字，帛书乙本、西汉本无。从帛书乙本、西汉本。加此二字属添足。

③此章文义虽然清楚，但差的是缺乏上下联系的观点。《列子·黄帝》下述言论，能说明此章的主旨："天下有常胜之道，有不常胜之道，常胜之道曰柔，不常胜之道曰强。""欲刚，必以柔守之；欲强，必以弱保之。积于柔必刚，积于弱必强。"同时，也是对处理"民之不畏威"这一政治危机的启示，因为今本七十二章以降的各章，无一不是围绕这一主题而发的。而且它一环紧扣一环，层层展开，必须联系起来理解。

【译文】

人活着时身躯是柔软的，人死以后躯体就变得挺直僵硬了。万物草木在生长期也是柔软脆弱的，它们死了以后也就干枯了。所以说："坚硬僵直的事物，是属于死亡一类的事物，柔软弱小的事物，是属于有生命力的事物。"用兵逞强是不可能取胜的，树木高大挺直就会被折断。强大积蓄着衰落之势，柔弱积蓄着向上之势。

六十三①
效法天道：损有余而益不足

（●）天之道，其犹张弓也？高者抑之；下者举之；有余者损之；不足者补之。故天之道，损有余而益②不足。人之道则不然，损不足以奉有余。孰能有余而有以奉天下者乎？惟有道者乎？是以圣人为而弗有，成功而弗居也。若此，其不欲见贤也③。

【注释】

①今本七十七章。楚简本无。西汉本除虚词有两个字不同，基本同。

②此字帛书乙本作"益"；西汉本与今本多作"补"，"益"字灵活。

③极少数人衣锦绣、食美味、穷奢极欲，而他们却对多数挣扎在生存死亡线上的人尽其搜括之能事，从而形成了老子对损不足以奉有余的批判；使他幻想能有圣君、圣者出，损有余以奉不足于天下，也许老子认为这才是解决"民之不畏威"的根本途径。除此而外，孔子、《管子》、商鞅、孟子……以至太平天国、孙中山等，都有类似的思想、主张甚至多次付诸实施。这些都是小农思想在不同历史条件下的反映，它唤醒并推动了亿万农民一而再再而三地为之奋斗献身，一次次地揭开历史新的一页。郭店简《尊德义》有一段文字："均不足以平政，坿（补）不足以安民……杀（减少）不足以胜民。"这种思想应该是上述《老子》思想的重要补充。

【译文】

天的法则，不是很像拉弓射箭吗？拉高了，就把它压低一点；拉低了，就把它抬高一点；拉得过满了，就让它松弛一点；拉得不够时，就再给它加一把劲。所以天的法则，是减少有余的来补充不足的。而人的做法却相反，是减损贫困的来侍奉有余的。谁能减损有余的来奉献给天下不足的人呢？只有遵循道的人吧？所以圣人替天行道却不敢占有，成就功业却不敢以功自居。如果真是这样，那是他不愿意显示自己的贤德啊。

六十四①
罪己者兴，罪人者亡

（●）天下莫柔弱于水，而攻坚强者莫之能先〔胜〕②也，以其无以易之也。水之胜刚也，柔之胜强也，天下莫弗知也，而莫之能行也。故圣人之言云："受邦之诟，是谓社稷之主；受邦之不祥，是谓天下之王③。"

【注释】

①今本七十八章。楚简本无。

②西汉本"胜"为"先"，更确切。从西汉本。

③此章帛、今本差异不大。唯诠释上侧重前半部分，其实其重点在后半部分。老子以水之柔弱为鉴，劝告君王承担全国之诟骂、屈辱以及一切不吉不利的责任，并把它看成是自己的不德、不慎、失误造成的。只有这样，才能成为真的"社稷主""天下王"。这才是此章之主旨。《管子·小称》云："管子曰：善罪身者，民不得罪也；不能罪身者，民罪之。故称身之过者强也，治身之节者惠也，不以不善归人者仁也。故明王有过则反之于身，有善则归之于民。有过而反之身，则身惧；有善而归之民，则民喜。往喜民，来惧身，此明王之所以治民也。今夫桀纣不然，有善则反之于身，有过则归之于民。归之于民则民怒，反之于身则身骄。往怒民，来骄身，此其所以失身也。"

如果失之于诚，必然流之于诈。但它起码能说明一点，即《老子》此章之思想深刻，对于封建社会的治平十分重要。其实老子这种思想渊源久远：《尚书·汤诰》云："万方有罪，在予一人；予一人有罪，无以尔万方。"《尚书·泰誓》云："百姓有过，在余一人。"《左传·庄公十一年》云："禹汤罪己，其兴也勃焉；桀纣罪人，其亡也忽焉。"《左传·宣公十五年》云："国君含垢，天之道也。"出土文献中也能看到同样主张。郭店简《成之闻之》有"古之用民者，求之于己为恒""君子之求诸己也深，不求诸其本而攻诸其末，弗得矣"的句子，说得多么好啊！

"求诸己""罪己"就是"受国之诟""受国之不祥"。因为当时王侯拥有极大的权力，既不能弹劾他，又不能追究他的责任。所以，如果王侯不文过饰非、不诿过于人、不"罪岁"，而反求诸己，那么，邦国的安定、人民的康乐指日可待，或者说"其兴也勃"。毕竟能这样办的王侯太少太少了。《庄子·则阳》的一段话，也许能让我们看到当时大多数王侯的面目："古之君人者，以得为在民，以失为己；以正为在民，以枉为在己。故一形有失其形者，退而自责。今则不然，匿为物而愚不识，大为难而罪不敢，重为任而罚不胜，远其涂而诛不至。民知力竭，则以伪继之。日出多伪，士民安取不伪？"

从《庄子》的这段话看来，春秋战国时的王侯多已如此了。不过，老子一再强调柔弱，除了劝告君王含诟之外，是否还有更深的含义呢？"强人不得为王，强木不得处上。何则？强人为王，万国愁忧；强木处上，则根本枯槁。"（《道德真经指归》）事实上，强者方能为王，自古皆然。老子是否想用"柔弱""卑下"来调和这种"强"呢？

【译文】

天下柔弱之物莫过于水，而攻坚克强又没有什么能胜过它，因为它从不改变自己柔弱的本性。水能克刚，柔能胜强，天下没有谁不知道，可是没有谁能够遵照实行。所以圣人说过这样的话："能承担起国家的屈辱和责难，才配做国家的君主；能承担起国家灾难的责任，才配做天下的君王。"

六十五①
正话反听

（●？）正言若反②。

【注释】

①今本《老子》七十八章最末一句。楚简本无此句。分章与诠释异于今本。

②这一句话历来归之于今本《老子》七十八章。这不无道理，但，这句话是对上章的发挥。君王如若罪己，那么总会有那么一批臣下会奉迎讨好，找出种种理由，为君王诿过于人、归罪于天、证明君王圣明。老百姓又何尝敢归罪于君？既不知情，更无其胆，或缄口不言，或只言好事，或歌功颂德盈耳、盈廷、盈国。所以，本章的寓意又不止于此。如，无为，为；不争，争；不知，知；不学，学；无味，味；无欲，欲；无积，积……不是正言若反吗？后其身而身先，外其身而身存，无私而成其私……这更是挑明了的"正言若反"，也即正面的话含有相反的内容。时至今日，人们仍然可以从日常生活、社会生活、政治生活、国际交往中的大量正面言语中捕捉到反面的、对立的事物，有的还必须正话反读。试用"民之不畏威，大威将至矣"与"正言若反"两个论断相比较，其深度差之远矣。但前者能独居一章，后者为什么要"群居杂处"呢？只有独立成章，方能凸显此种论断的高深含义。

【译文】

正面的话好像反面的话。

大家读老子

六十六①
不要向人逼债

（●）和大怨，必有余怨，焉可以为善？是以圣人执右②契，而不以责于人。故有德司契，无德司彻③。夫天道无亲，恒与善人④。

【注释】

①今本七十九章。楚简本无此章。作为《德篇》结尾一章，诠释大异于今本。

②西汉本作"左契"，帛书甲本作"右契"，乙本作"左契"，时代不同，贵左贵右不同。

③彻，古税法，什一而税。见《论语·颜渊》郑玄注。

④帛本、今本文字无大差异，只是今本对其诠释不到位。此章以前提出的种种方略，无非是调和由来已久的积怨。杀也好，抚也罢，或轻赋税，去私欲（无以为），承担诟骂，自责于己，凡此种种，依然会留有余怨。因此，"焉可以为善？"老子答曰：有借据，有税单，该讨债该收税，但不要催逼。如此人民活得下去，并会越活越好，那时怨无由生，"威"又成为可畏可敬的了。"天道无亲，恒与善人"，既作为解决"民不畏威"的总结之总结，又作为上篇（即今本之"德经"）的总结，意味深长，用心良苦。这样一来，一套处理政治危机——"民之不畏威"——的方案，至此完成。这里，我们再回过头去看看这套方案：其一："大威将至"，严厉镇压；其二：单有严厉的镇压还不行，根本的办法是要使

人民安居乐业，不要阻塞人民的生路；其三：君王要自知自爱，不要自我标榜；其四：杀勇于敢者，活勇于不敢者；其五：天网恢恢，疏而不漏，借助天来安抚和恐吓人民；其六：如果采取以上措施，人民还是不怕死、不畏威，那就注意不能滥杀，只杀为奇者，并且让专管刑杀的机构和官员去杀；其七：轻赋税，不夺农时，取消国君及统治阶级为了满足私欲的作为；其八：承认人民有追求温饱和丰厚生活的权利；其九：如能损有余益不足，再好不过；其十：君王承担诟骂及不吉不利，即承担一切过失的责任，要柔弱灵活，忌生硬刚强；其十一：正话反听；其十二：即此章所说的不要向人民逼债。可见，对于如何处理政治危机，老子处心积虑，提出的方案系统周密，真可谓刚柔兼备，恩威相济，有猛有宽，照顾上下。对人民同情、恐吓、镇压兼而有之；对君上、谏戒、指责、献策一齐奉上。如果真能这么办，确实是解决政治危机之良策，它确实有利于恢复和提高统治者的威望与威严。

特别需要说明：此章本来是《老子》上篇的总结章，却被唐玄宗颠倒篇次、改变章序给掩盖了。多么可惜呀！

【译文】

化解了重大的仇怨，必然还有难解的怨恨，那还有什么最妥善的解决办法呢？所以圣明的君上虽然握有借契，却不向人民逼债。所以有德的人只掌管着契约，无德的人则催逼租税。天道对谁都没有偏爱，它永远给予有德的人。

下 篇

六十七①
没有永远不变的道

●①道②，可道也，非恒道也③。名，可命④也，非恒名。无名，万物之始也，有名，万物之母也。故恒无欲⑤也，以观其妙；恒有欲也⑥，以观其所徼⑦。两者同出，异名同谓，玄之又玄。众妙之门。

【注释】

①②帛本原分章点。今本一章。帛、今本文字基本相同，只是"名可名"，西汉本改了一个字"名可命"。此处诠释不同于今本。《老子》道的主体指什么？"道不远人，人之为道而远人，不可以为道。"这是孔子的话。《老子》的"道"，是否是一种"远人"的、讲宇宙发生论的"道"呢？不是。今本二十五章是在讲宇宙发生论的，但话锋一转，马上引向政治："国中有四大安，王居其一安。"（文字据楚简本。）就《老子》"道"的主体而言，是指治道、君道、人道。这个问题本来是一清二楚的，到了当代却变成莫衷一是的糊涂账了。这就不得不先验之简帛佚籍。

郭店简《尊德义》曰："禹治而桀乱。"人民还是那些人民。圣人治民，民之道也；大禹治水，水之道也；造父之御马，马之道也；种地有种地之道，捕猎有捕猎之道。"莫不有道，人道为近，是以君子人道以取先。""知己所以知人，知人所以知命，知命而后知道，知道而后知行。"《性自命出》曰："凡道，心术为主。道四术，唯人道为可道也。"所谓"心术"，乃是主术、君道的另一类说法。可见，"可道"，主要指人道、政道、君道。照河上公的说法，乃"政教经术之道"，如果是指天道、自然之道，那么"道可道，非恒道"就有问题，甚至难以成立，大者如春夏秋冬、天体运行，小者如某种具体的定律，这些应该说是"恒道"。如果指政道、人道、君道，老子之论岂不极为辩证？

③为什么说"道可道，非恒道"？这只能从当时历史大背景中寻找答案。首先，春秋战国，用兵之道首先就发生了巨变，过去是"以仁为本，以义胜之"，"以礼为固，以仁为胜"，《老子》成书时已是"兵以诈立""兵者，诡道也""以奇用兵"。过去用兵的目标是"征讨不义"，讨伐那些"凭众犯寡、贼贤害民、暴内凌外"之国，或如孔子所说，为了"兴灭国，继绝世，举逸民"，而在《老子》成书时代战争已是强凌弱，大吞小，为了"拓地千里"，不择手段，哪怕杀人盈城、盈野。春秋前是"不鼓不成列"，《老子》时早已是"攻其不备，出其不意"（上引文见《司马穰苴兵法》与《孙子兵法》）。同样，为政之道也已开始发生巨大转变，周文武以至孔子的"崇道德，隆礼义，叙人伦，正夫妇，仁义之道满乎天下"早已不时兴。孔子之后，"田氏取齐，六卿分晋，道德大废，上下失序"，舍弃礼让而贵战争，弃仁义而用诈谲。一切为了争霸取强。可见，为政之道早已到了非变不可，并且已经开始变。这就是"道可道，非常道"产生的来由。所以《文子·上礼》曰："五帝异道而德覆天下，三王殊事而名后世，因时而变者也。"《列子·说符》曰："且天下理无常是，事无常非。先日所用，今或弃之；今之所弃，后或用之。此用

与不用，无定是非也，投隙抵时，应事无方，属乎智。"

但是，非恒道、非恒名之中，也有恒的成分，相对真理中包含着某种绝对真理。《淮南子·氾论训》就在肯定了"非常道"之后接着说："治国有常，而利民为本……苟利于民，不必法古；苟周于事，不必循旧……诵先王之诗书……不若得其所以言。"这里说的"利民"就应该是治国之恒道。"得其所以言"的这种方法，既是"恒名"，也是恒道。

④西汉本将帛本之"名，可名也"，改了一字："名可命。"一字之改，一字之补充，极佳！许多名，是"因时而变"的，是因着时代的进步，"三王殊世而名后世"的，它得到上下普遍的认可。也有个别是出之于上的诰命，所以"名可命"。

⑤老子认为观察道和名的奥妙及与其适应的界限要有两种态度、两种方法："有欲"之观与"无欲"之观。无欲之观，即"恒无欲也，以观其妙"。这是什么意思呢？《庄子·庚桑楚》曰："富、贵、显、严、名、利六者，勃志也；容、动、色、理、气、意六者，缪心也；恶、欲、喜、怒、哀、乐六者，累德也；去、就、取、与、知、能六者，塞道也。"

上面提到的四个"六者"都属于欲望之类；而所谓"勃志""缪心""累德""塞道"，无不妨碍人的观察与认识。要使观察客观公正，需要去掉这些欲念，不为这些欲念所左右、所影响。只有如此这般"恒无欲也"，才能观察到道与名的深奥与玄妙。以私欲为转移的观察，只能歪曲（或夸大、或缩小、或美化、或丑化）观察客体。这是无疑的。

⑥⑦再看什么叫"恒有欲也，以观其所徼"。老子的基调之一是"无欲"，这里却说"有欲"，这就需要注意分辨了。这里先得弄清"徼"作何解。前人释"徼"颇不一致。释"归终"者有之（王弼），作"窍"者有之，作"曒"——光明者有之。陆德明、董思靖、吴澄等人作"边际"

解，认为"微"与孟子之"端"义近。看来这种解释才是深得老旨的。《史记·司马相如列传》："南至牂柯（今贵州境内）为微"，即边界。观察道的深奥与玄妙是不能附加自己的爱憎、喜怒、善恶的，但是观察道与名的适用范围、界限、条件，那就需要观察的人抱有一定的目的、一定的打算，不然，岂不成了盲目观察吗？因而这就成了"恒有欲也，以观其微"。这个"欲"，不是"心必乱"之欲，而是有目的之欲。可见有欲，并非只有一种私欲，也有其他之欲。但是总的说来，还是以无私欲之观为前提、为基础。舍弃了这个前提，这种观察就是不公正、不客观、添有个人附加物的。

【译文】

道，可以用语言来表达的道，并不是永远普遍适用的道。名，可以叫得出来的与可以命名的名，也不是永远与实际相符的名。万物初始的时候，并没有什么名称，后来万物有了名称，这名称就成为人们认识万物的根据了。所以要经常放下私心杂念，观察道的奥妙；要经常有目的地观察道适用的界限与范围。两种观察同出于一源，不同的称谓同出于一人之口，真是深奥又玄妙。这就是认识种种微妙事物的途径。

六十八①
好而知其恶，恶而知其美

（●）天下皆知美之为美，〔訾〕②恶已。皆知善〔之为善〕，訾不善矣③。

【注释】

①今本第二章第一部分。请注意：文字、诠释、分章不同于今本。

②帛书乙本及今本《老子》此字皆为"斯"，西汉本只"恶已"。而帛书甲本作"訾"，通"恣"，放纵。于义为佳。西汉本只"恶已"。也通。但帛本为佳。因为"恣"可解为放纵。帛书乙本与今本改为"斯"，成了语助词，含义被大大模糊！

③过去我们曾坚定认为今本二章是由三章组成的，楚简本虽无分章点，但是，第一，从帛本增加的文字与某种分章符号看，后人曾对此章作了某些改造，并不完全视为一章。只因当时分章的概念还没有十分明确，更谈不上规范（如帛书乙本就完全取消了分章），所以就没有明确标明再分章。第二，今本第二章内容有三：（1）相对主义；（2）相反相成；（3）政治辩证法：无为、无言、"弗始"、"弗志"、"弗居功"。为什么不能一分为三？《论语·阳货》所说："性相近也，习相远也。""唯上知（智）与下愚不移。"应当都是在论人，似应为一章，但在《论语》中是分为两章的（见杨伯峻《论语译注》，中华书局，1980年版，第181页）。今本第二章理当分为三"章"。将文义不直接相属的部分分开，何乐不为？

④从林语堂起一直到今天众多译本都把它解释为："天下人都知道美之所以美，丑的观念就跟着产生了。都知道善是善的，不善的观念就跟着产生了。"就是说，这只限于观念的对比，不属相反相成。

帛书《老子》的文字非常简单："天下皆知美之为美，恶已。皆知善，訾不善矣。"它是为了与下面"有无相生，难易相成……"相协调的结果。其次，今本将"訾"字误以为"斯"之假借字了。"訾"，"恣"之假借字，放纵也，把它变成了语助词之"斯"，自然走样。楚简本不作"恣不善矣"，而作"此其不善已"。帛书甲本则是对楚简本的一种改写。其实，此四句乃是祸福相倚相伏的另一类辩证思想。美中有丑，或将变丑；善中有不善，或将会变成不善。它的深化与发挥就是"非恒道""非恒名"。也就是：天下都知美是美的，那就放纵恶了；都知善是善的，那就放纵不善了。美与善还包含着倚伏着它的反面，而且美与善也是发展变化的，并非永恒不变的。下面一些言论，当有助于解释这个问题。

《庄子·胠箧》："故天下皆知求其所不知，而莫求其所已知者；皆知非其所不善，而莫知非其所已善者，是以大乱。"

《大学》："故好而知其恶，恶而知其美者，天下鲜矣！"

《吕氏春秋·去尤》："故知美之恶，知恶之美，然后能知美恶矣。"

这是何等辩证之论啊！

【译文】

天下的人都知道美的是美的，那就放纵恶了。天下的人都知道善的是善的，那就放纵不善了。

大家读老子

六十九①

相反相成，永远如此

（∨）②有无之相生也，难易之相成也，长短之相形也，高下之相盈也，音声之相和也，先后之相随也，恒也③■④。

【注释】

①今本第二章之中间部分。

②帛书《老子》之不明确的分章符号。

③"恒也"二字为今本、楚简本所无。帛书甲、乙两本皆有。除了有加强之义外，也是表示此段论述的终了。加之"有无相生"句前无"故"字，并且中间六句多了六个"也"字，可见帛书将今本之第二章看成三章。这里必须特别提出来，请注意！

④楚简本、帛本、今本三本基本同。西汉本无"恒也"，而楚简本有分章点，更证明如此分章正确。

【译文】

有与无是相互生成的，难与易是相反相成的，长与短是相互比较的，高与下是相互依存的，音与声是相互谐和的，先与后是相互伴随的，这是永远不变的。

七十①
为政之辩证法

（●？）是以圣人居无为之事，行不言之教，万物作而弗始也，为而弗志也②，成功而弗居也。夫惟弗居，是以弗去■③。

【注释】

①今本第二章之末尾，即第三部分。

②此句各本出入较大。今本二章末尾有"为而不恃"句，楚简本与帛书甲本作"为而弗志也"，帛乙本作"为而弗侍也"，西汉本作"为而弗持"。《说文》对"侍""恃"皆注"寺声"，因此，"侍"即"恃"之同声假借字。"志"，《说文》："意也，从'心''止（之）'，'止（之）'亦声。"而且楚简本也作"志"，可见"志"绝非"恃"之假借，"志"乃本字。恃，依赖、倚仗；志，意也，向慕、期望也。如志于道、志于学等。同时志亦通"誌"，记也。"为而不恃"，即"有所施为而不恃有恩"，但"为而弗志"，则是"有所施为而不敢有个人期望（志愿）"，或"有所施为而不敢记己功"，这更符合老子的"无为"之教。而将"为而弗志"一律订为"为而不恃"，有违老子本意。并且，"为而弗有"也不等于"为而不恃"。今本对文句的某些文饰、统一，属添足。

③楚简本之分章点。

大家读老子

【译文】

所以说圣人奉行无私为的处事原则，用身教而不是用言教来给人做出示范，任凭万物生长变化而不敢打乱它的自然秩序，施惠于人而不敢期望报答，事业成功而不敢以功自居。只有不敢以功自居，功绩才不会丧失。

七十一①
恒使民无知无欲

（●）不上贤，使民不争；不贵难得之货，使民不为盗；不见可欲，使民不乱。是以圣人之治也，虚其心，实其腹，弱其志，强其骨，恒使民无知无欲也；使夫智〔者〕不敢弗为而已。则无不治矣。

【注释】

①今本第三章。帛本、西汉本、今本基本同。而楚简本无，可见属后人增益。

【译文】

不推崇贤能的人，使人民不争名利；不贵重难得的财物，使人民不去偷盗；不显示可以引起人们贪欲的事物，使民心不被扰乱。所有圣人治理国家，要简化人民的头脑，填饱人民的肚子，弱化人民的志向，强壮人民的筋骨，永远使人民处于无知无欲的状态；使知识阶层的人不敢擅自作为而后已。这样国家就没有治理不好的。

七十二①
万物本源的创始者：道

（●）道沖，而用之又弗盈也。渊呵，始万物之宗②。挫其锐，解其纷，和其光，同其尘。湛呵，始域存③，吾不知其谁子也，象帝之先。

【注释】

①今本四章，楚简本无此章。关键字、句与诠释大异于今本。

②③帛本作"始万物之宗""始或（域）存"，西汉本亦作"始域存"，它与今本的"似万物之宗""似或存"意思大不同。这"似""或"二字，自然令人感到道的似有似无、捉摸不定，所以它被译为："好像万物的主宰""似存似亡"。其实老子对道是坚信无疑的，如帛书甲本即作"始万物之宗""□或存"。"□"为掩损之字，帛书乙本作"佁"。佁、始二字《说文》皆曰"台声"，无疑"佁"乃"始"之借字。始者，创始也，它根本没有什么"似"的含义。而"或"看来非本字，可能是"国""域"之假借字，《说文》："或，邦也。从口，从戈，以守一。一，地也。域，或，又从土。"西汉本又作"始域存"，这就确证"始万物之宗"，意思就是"创始万物的主宰"，而据"始域存"解释，即"创始疆域之前就已存在"。按照"始有存"解释，即"在创始'有'之前就已经存在"。无论哪种解释，都毫无模棱两可的味道。这正是老子对道极为肯定的观点。难道不是这样吗？

所以，本章是讨论，在"天帝"产生之前，道就无所不在，无处不有了。

【译文】

道空虚无形，然而它的作用却又是无穷无尽的。多深邃啊，它是万物本源的创始者。〔但〕它压抑着自己的锋芒，化解自己的矛盾，隐蔽自己的光辉，将自己混同于尘俗之中。它是那样深厚舒缓啊，它早在创始疆域之前就已经存在了，我不知道它是从哪里产生的，它似乎在天帝之前就存在了。

大家读老子

七十三①
天地何曾有什么仁义

（●）天地不仁，以万物为刍狗。圣人不仁，以百姓为刍狗②。

【注释】

①今本《老子》五章前半部分。帛、西汉本同。

②过去我们坚信今本《老子》五章是两章，因为它有两个主题：前四句是"绝仁"的另一种表述；后六句的主题则是"多闻数穷"。这两个主题之间文义不相属，分开之后，前后之文义都清楚了。证明此四句为一章的重要依据是楚简本《老子》，其中没有这四句，只有后面的"天地之间……"等六句。因此可以确证此四句为单独一章。

【译文】

天地无所谓仁爱不仁爱，它把万物当作刍草和狗畜。圣人也无所谓仁爱不仁爱，他也把百姓当作刍草和狗畜一样的植物、动物。

七十四①
多闻数穷

■天地之间，其犹橐籥与？虚而不淈，踵而愈出。多闻数穷②，不若守于中③。

【注释】

①今本五章之后半部分。

②今本为"多言"，帛本、西汉本为"多闻"。楚简本无此句。春秋的"多言"变为战国、秦汉的"多闻"，时代不同的标记。

③楚简本无前章，有此章；而且帛本又增加了两句，在此两句前还标有分章点。因此可以看出今本之五章由互不相属的两组论断组成。楚简本之分章点，完全可以作为此章之分章点。

【译文】

天地之间，它不正像个管乐器吗？空空虚地，总有话说，说来说去，愈说愈多。听多了反而无所适从，不若守住虚静与中庸。

七十五①
生养之神永存

（●）浴神不死，是谓玄牝。玄牝之门，是谓天地之根。绵绵呵若存，用之不勤。

【注释】

①今本六章，楚简本无此章。帛、西汉本同。

【译文】

生养之神是永存的，所以它叫作玄妙的母体。玄妙母体的生殖之门，就叫作天地万物的根源。它就像绵绵不断的存在物，它的作用是无穷无尽的。

七十六①
无私能成其私

天长地久，天地之所以能长且久者，以其不自生也。故能长生。是以圣人退（后）②其身而身先，外其身而身存。不以其无私与？故能成其私。

【注释】

①今本七章，楚简本无此章。

②帛本与西汉本差异在"退其身"与"后其身"两句略有差异。"后"乃经过文饰的句子，佳。此处从西汉本。

【译文】

天地是长久存在的，天地之所以能够长久存在，是因为它们不为自己而生存。所以才能够永远存在。因此圣人退身于后，反而能在人先，置自身于度外，反而能保存自身。这难道不是由于他的无私吗？所以能成全他自己。

七十七^①
最高的德行像水像天

（●）上善似水，水善利万物而有静^②，居众人之所恶，故几于道矣。居善地，心善渊，予善〔天〕^③，〔言善信〕^④，正善治，事善能，动善时。夫惟不争，故无尤。

【注释】

①今本八章。楚简本无此章。诠释有重大不同。

②帛书甲本作"水善利万物而有静"，帛书乙本作"水善利万物而有争"，此"有争"乃"有静"之省写或假借，《说文》"静"，争声。西汉本老子果然写为"有静"，因为抄写者正确识别了假借字。

③④据帛书乙本补"天""言善信"。今本八章谈"上善若水"，其中有"与善仁"句。老子有"绝仁"之说、"圣人不仁"之见，怎么又会"与善仁"呢？果然帛本不是"与善仁"，而是"予善天"，三字之中就有两字不同。"予善天"就是说："施予像水像天那样不望报答。"显而易见，帛本正确，最高的德行像天、像水。

【译文】

最高的德行像水，水滋润万物成长而静默无声，水处在众人所厌恶的地方，所以它最接近于道。处世像水那样低下，心胸像水那样深沉，清静，施予像水那样不望报答，〔言谈像水那样真实诚信〕，治理国家像水那样公平，办事像水那样灵活，行动像水那样把握时机。只有具备水这种不争闻达的美德，所以才会没有过失。

七十八①
功成身退，天之道

（●）持而盈之，不如其已。揣而群之②，不可长保也③。金玉盈室，莫之守也。贵富而骄，自遗咎也。功述身退，天之道也∫④！

【注释】

①今本九章。

②③帛甲本此句只剩两个"之"字，故取楚简本"不可长保也"与西汉本"揣而群之"补入。

④∫楚简本的一种分章符号。

【译文】

双手捧得满满的，不如算了吧。怀里揣得多多的，不可能保持长久。金玉堆满仓库，谁也无法永远守得住它。贵富而骄横傲慢，等于给自己留下祸殃。功成名就而急流勇退，这才符合天道啊！

七十九^①
有德者的形象

（●）营魄抱一，能毋离乎？抟气致柔，能〔如〕婴儿乎？修除玄鉴，能毋疵乎？爱民活国^②，能毋以知乎？天门启阖，能为雌乎？明白四达，能毋以为乎？生之，畜之，生而弗有，长而弗宰也。是谓玄德^③。

【注释】

①今本十章。楚简本无此章。

②今本作"爱民治国"，帛书乙本、西汉本作"爱民桔（活）国"。"活"与"治"含义不同。

③帛、今本基本同。

【译文】

精神与躯体合一，能不分离吗？聚集精气，致力柔和，能像婴儿那样纯朴吗？清除杂念，净化心灵，能没有瑕疵吗？爱护人民救活国家，能不用心智诈伪吗？五官开合，能像雌性那样安静柔顺吗？明白通达，能做到无私为吗？让人民安生，让人民养育，生养万物而不去占有，促成万物长成而不去主宰。这就是隐而不露的天德。

大家读老子

八十①
利在实有，用在虚空

（●）卅辐同一毂，当其无，有车之用也。〔燃〕②埴为器，当其无，有埴器之用也。凿户牖，当其无，有室之用也。故有之以为利，无之以为用③。

【注释】

①今本十一章。楚简本无此章。

②帛书甲本作"然"通"燃"，《说文》："燃，烧也。"

③帛本、今本基本相同。"故有之以为利，无之以为用"，从无处不在的眼前现实，引出发人深思的哲理。

【译文】

三十根辐条环绕于一个毂轮上，当中有适度的虚空，车轮才起到转动的作用。用黏土抟揉烧制器皿，当中有适度的虚空，器皿才能起到盛物的作用。建造房屋开凿门窗，当中有适度的门窗虚空，才能起到房屋的作用。所以物体之利在实有的部分，发挥作用的却是虚空的部分。

八十一①
为腹不为目

（●）五色使人目盲，驰骋田猎使人心发狂，难得之货使人之行妨，五味使人之口爽，五音使人之耳聋。是以圣人之治也②，为腹不为目，故去彼取此。

【注释】

①今本十二章。楚简本无此章。帛本与今本文字与诠释有较大出入。

②帛本、今本的最大差异，在于今本无"治之也"三字，西汉本亦无。三代之前，已经有了"五彩彰施于五色"，即做出色彩不同的衣服，用以区别五个等级的服饰；也有了"闻六律五声八音"的规定。究其目的：一是"治忽"——考察治乱，二是"以出纳五言"——即听取东南西北中各方面的意见，这是《尚书·益稷》记载的。但是后来变了：五色、五音、五味、田猎等完全成了统治阶级纵情逸乐之物，上有所好，下必甚焉，蔓延于下层，因此《尚书》中就出现不少主张"远声色、不殖货利"及反对"恒舞于宫，酣歌于室"、耽于田猎行为的教诲了（见《仲虺之诰》《伊训》等）。《老子》此章的意思是仅劝导国君人主以及上层节制食色游乐呢，还是另外的意思：谈治道？照今本《老子》"圣人为腹不为目"的文字，这就不是谈治道的问题了。而帛书《老子》甲、乙本及西汉本中，本处文字则是："是以圣人之治也，为腹，不为目。"这就成了一种治道。今本《老子》严重失实就在缺失三个字上："之治也。"有了"之治也"，就需再前进一步，引到"治"上来。因为"圣人之治"

就不只是上层的修身养性，而是一种"治道"。它是"恒使民无知无欲也"的一种具体化，也是愚民政策的一块基石："遏欲、禁欲。"《商君书·去强》把"岁、食、美，好、志、行"称之为"虱害"，即把过年过节（岁）、大吃大喝（食）、追求美好华丽（美）、讲求玩好（好），追求个人志向（志）、舞弊营私（行），视为虱害。同书《垦令》篇命令全国"声服无通于百县"——不准音乐、杂耍、丽服到各县去，又要求"贵酒肉之价，重其租，令十倍其朴"，吃吃喝喝的自然减少；以及"使民无得擅徙"——不准自由迁移。还有政策如"废逆旅"——禁止开设旅馆，以及要使农民"无所闻变见方"，听不到变革，看不到别的技艺。这样，农民无从离开故土，除了垦荒种地，别无它路。这些政策追求的，岂不是"圣人之治也，为腹不为目"？

【译文】

五彩缤纷使人眼花缭乱，看不到祸福的迹象，驰骋田猎使人心绪狂野难止，贵重的财物使人产生不轨的行为，美味佳肴使人败坏了分辨是非的标准，动听的音乐使人听不到吉凶的声音。所以圣人治理国家的原则是：老百姓只求肚腹温饱，不求声色娱悦耳目，所以要去掉声色而求取温饱。

八十二①

身重泰山，荣辱轻鸿毛

人②！

■宠辱若惊，贵大患若身。何谓宠辱若惊？宠之为下，得之若惊，失之若惊，是谓宠辱若惊。何谓贵大患若身？吾所以有大患者，为吾有身也，及吾无身，有何患？故贵为身于为天下，若可以托天下矣。爱之身为天下先，若可以寄天下。

【注释】

①今本十三章。楚简本有此章。楚简、帛书、西汉四古本与今本基本相同。

②帛甲本、帛乙本、西汉本、今本都没有开头的"人"字，据楚简本补。

【译文】

人啊！受到恩宠与耻辱都同样感到惊恐，把大忧大患看得像生命一样宝贵。什么叫作受到恩宠与耻辱都同样感到惊恐呢？当然受到恩宠比受到耻辱的惊恐要小得多，得到恩宠会感到惊恐，失去恩宠会感到惊恐，这就叫受到恩宠与耻辱都同样感到惊恐。什么叫作把大忧大患看得像生命一样宝贵呢？我之所以感到大忧大患，是因为我有这个生命，到了我没有这个生命时，我还有什么可忧患的呢？所以先珍视生命去为天下的人，好像才可以将天下的重任托付给他。爱护自己去带领天下的人，好像才可以把天下的重任托付给他。

八十三^①
"执今"之道，方能"御今"

（●）视之而不见，名之曰微。听之而弗闻，名之曰希。捪之而弗得，名之曰夷。三者不可至诘，故捆而为一。一者，其上不悠，其下不忽。寻寻呵，不可名也，复归于无物。是谓无状之状，无物之象；是谓忽恍，随而不见其后，迎而不见其首。执今之道^②，以御今之有，以知古始，是谓道纪。

【注释】

①今本十四章。楚简本无此章。

②此章模糊在帛书的"执今之道"被改"今"为"古"。老子的"道"，无论是宇宙万物本源之道，抑或治道、君道、人道都极为抽象。但在这一章里，老子却用形象的手法对"道"加以描述：无形、无声、无象、无迹，看、听、摸、迎、随……单凭感官是无法认识的。强调这一面，那就得出这样的结论："道，是不可感知、不可认识的神秘精神实体。"但是老子又说这不言不见之道又无时不在、无处不存，主宰万事万物。因而要以今之道，御今之有，以知古始。这"道"岂不成了可知的了吗？

可惜，今本十四章的上述精神被掩盖了。"执今之道，以御今之有"，今本统统写作"执古之道，以御今之有"。这一来老子更像一位企图复古、逆历史而动的人了。但是帛书甲、乙两本皆作"今"："执今之

138　　　　　　　　　　　　　　　　大家读老子

道,以御今之有。"一字之差,文义全然不同。究竟孰是孰非?抄写时代不同的帛书甲、乙两本都作"今",不可能都错,此其一。其二,今本二十一章,河上公、王弼本有一句"自古及今",帛书两本又都为"自今及古",而且范应元曰:"自今及古,严遵、王弼同古本。"可见王弼本也是被妄改了的。其三,更重要的是:《老子》的一个理论基石是:"道可道,非恒道。"他哪里会把"古道"视为永远不变、世世照办之"恒道"呢?

《鹖冠子·近失》:"欲知来者察往,欲知古者察今。"

《鹖冠子·王铁》:"以今之事,观古之道。"

《吕氏春秋·察今》:"察己则可以知人,察今则可以知古。""有道之士,贵以近知远,以今知古。"

《淮南子·氾论训》:"夫殷变夏,周变殷,春秋变周,三代之礼不同,何古之从?""古之伐国,不杀黄口(娃娃兵),不获二毛(黑白发相间之人),于古为义,于今为笑。"

从这三部黄老著作看,帛书《老子》的文字是正确的。老子十分清楚事物是发展变化的,要从发展变化中把握今、察诸往。现代出版的大批《老子》专著仍对今本《老子》"执古之道,以御今之有"坚信不疑,不承认帛本的文字,以为老子主张执奴隶社会之古(夏、商、周),亦能御封建社会之今(春秋与战国),令人遗憾!

但是,西汉本本句仍然作"执古之道,以御今之有"。可见西汉时,《老子》已经出现了两种重古重今不同的版本与说法了!

【译文】

看它看不见,叫作无迹。听它听不到,叫作无声。摸它摸不着，叫作无形。这三方面都无从推问考究，所以它们浑然一体。这所谓的"一"，在它之前不显得久远，在它之后也不显得短暂。寻根究底啊，也不可能具体描述它的形象，只好重新回到无形无物的状态，这就叫作没有物体形状的形状，看不见物体形象的形象；或者这就叫若有若无，因为跟随着它，看不见它的项背，面对着它，看不见它的头脑。

把握今天的道，用它来驾驭今天的事物，由此可以推知古代的起源，这就是认识道的法则。

八十四①
有道者的形象

（●）古之善为士②者，微妙玄达，深不可识。夫唯不可识，故强为之容曰：豫呵，其若冬涉水；犹呵，其若畏四邻；严呵，其若客；涣呵，其若凌释；沌呵，其若朴，湷呵，其若浊；庄呵，其若谷。浊而静之，徐清。安以动之，徐生。保此道者不欲盈，夫惟不欲盈，是以能敝而不成。

【注释】

①今本十五章。楚简本有此章，文字略有不同。

②楚简本不是帛本之"善为道"，而是"善为士"，而且章次排列在前，看来更重视"善为士"。其他的精神与帛本同。西汉本又回到"善为士者"。当然是指有道之士。

【译文】

古时善于行道的士人，玄妙、深奥、通达，高深得难以认识。正因此难以认识他，所以只能勉强描绘一下他的形象：他审审慎慎啊，就像冬天涉水如履薄冰那样；他反复考虑啊，就像害怕四面受敌那样；他恭敬严肃啊，就像去做宾客那样；他流动涣散啊，就像冰凌的消融那样；他敦厚朴实啊，就像未经雕琢的物体一样；他浑浑噩噩啊，就像浑浊的流水一样；他心胸宽阔啊，就像空旷的山谷那样。混浊的水平静下来，就会慢慢澄清。安静和运动互相作用，就会慢慢发生变化。遵循此道的人不想过分，正是由于不想过分，所以他宁肯守旧，也不急于求成。

八十五①
"知常"与"守静"

■②致虚，极也；守静③，笃也。万物旁作，吾以观其复也。天物芸芸，各复归于其根，曰静。静，是谓复命。复命，常也。知常，明也。不知常，妄。妄作，凶。知常容，容乃公，公乃王④，王乃天，天乃道。道乃久，没身不殆。

【注释】

①今本十六章。与帛、西汉本基本同。

②楚简本之分章点。

③帛、今本皆为"守静"，而楚简本则为"守中"。另"公乃王"有的作"公乃全"。这是此章一大问题：将楚简本与帛本对比，帛本引申发挥之处不少，本章楚简本仅二十四字，帛本增加了近五十字，并且将"守中"改为"守静"，重点由"守中"转到"守静"：虚无为本，清静为正，绝不妄作，宽容大度，公正无私。简本只是提倡虚无、守中、静待静观。这说明帛本已经对简本做了精心的改造。而帛本另一章增加了"多闻数穷，不若守于中。"既肯定了"守中"，又增加了"守静"。既不重复，又揭示了"中"与"静"的密不可分：守中的前提是静。无静则难中。可谓独具匠心。没有楚简《老子》，这一点是很难看清楚的。

④"公乃王"句，有的作"公乃全"。这个问题必须弄清楚。在河上公、王弼、傅奕、范应元诸本中的"公乃王，王乃天，天乃道，道乃久，

没身不殆"中，就已经说清楚，《老子》进说的主要对象是"王"。但此"王"字，难以为某些人所接受。想尔本就改"王"为"生""公乃生，生乃天……"陈鼓应先生说："王"乃"全"字之坏，应该是："公乃全，全乃天……"其实，"全"非老旨。违背自然的求全，就是一种不知常、妄作。求全，又往往是违背自然的。帛书甲、乙本前后四个"王"字，再次证明"王"字铁案如山。怎能视"王"而不见？而西汉本的"公乃王，王乃天"，两个"王"字又再次确证非"全"！

【译文】

致力于心灵的虚静，要达到最大的限度；坚守生活的清静，要一心一意。万物都在生长发展，我注意观察它们循环往复的过程。天下万物纷繁众多，最后各自都要重新恢复到它的本源，这就叫作清静。清静，叫作恢复本性。恢复本性，就是自然常规。认识自然常规，就是明智。不认识自然常规，就会轻举妄动、胡作非为。轻举妄动、胡作非为，必遭灾殃。认识自然常规才能宽容大度，宽容大度才能公正无私，公正无私才能天下归从，天下归从才能顺乎自然，顺乎自然就符合道。符合道就能保持长久，终身都不会遇到危险。

八十六①

百姓曰我自然也

■②太上下智，佑之其即，亲誉之其即，畏之其即，侮之③。信不足，安有不信。犹乎，其贵言也。成事述功，而百姓曰我自然也。故大道废，安有仁义；智快出④，安有大伪；六亲不和，有孝慈；邦家昏乱有正臣⑤。

【注释】

①今本《老子》十七、十八两章。此章完全采用楚简《老子》的分章与文字。文字与诠释完全不同于今本。

②楚简本之分章点。

③④楚简《老子》不仅证明今本之十七、十八两章原来是一章，而且更证明前（十七）章文字讹误严重，导致断句讹误。

今本："太上，下知有之，其次亲之誉之，其次畏之，其次侮之……"

楚简本："太上下智，又（佑）之其即，亲誉之其即，畏之其即……"

今本之文字与断句，被译为："太上之世下知有其君，其次亲誉其君，再次畏其君，最坏侮其君……"这里破绽显而易见，人民知其君，就视之为最好的世代，岂不太容易？而臣民畏其君是任何君主时代所不可或缺的，它能否成为划分君主或世代好坏的标准？因此这种理解难免不令人生疑。吴澄的《道德真经注》、朱元璋的《御注道德真经》，一直到陈鼓应先生的《老子注译及评介》，改"下"为"不"，即将"太上下知有之"改成"太上不知有之，……"译为"最好的时代，人民根本感受不到

统治者的存在，……"楚简《老子》证明根本就不是这么一回事。但是要
讲清楚这件事，还得从《庄子》视"智"为"凶器"、为争斗之源谈起：

《人间世》曰："名也者，相轧也；知（智）也者，争之器也。二者
凶器……"

《在宥》曰：由于好知（智），"于是乎喜怒相疑，愚知（智）相
欺，善否相非，诞信相讥，而天下衰矣！"

《胠箧》曰："故天下每每大乱，罪在于好知（智）。"

在庄子看来，正是人们喜好聪明智慧，使得人间变得如此尔虞我诈，
你争我夺。从三代以来，"夫好知（智）以乱天下也"，已经达到了极
点。抛弃那淳厚而朴实的人民，喜欢那轻薄、巧言、谄媚之徒，舍弃了
恬淡无为的风尚，喜欢那到处游说、好为人师的"哼哼"之风。"哼哼
已乱天下矣！"庄子在《天运》篇里还说：三皇之智，比蝎子的尾巴还
毒，比吃人猛兽的祸害还要大，因此不仅要绝圣弃智、攘其仁义，而且要
"钳杨墨之口，灭文章，散五彩，摘玉毁珠，焚符破玺……"这种思想的
过激一目了然。但其源头无疑在《老子》。楚简本首章开头几句就是"绝
智弃辩""绝伪弃虑""绝巧弃利"。这辩、伪、虑、巧、利，岂不都是
"智"的产物？到了帛本又大大升格为"绝圣弃智""绝仁弃义"。在
《老子》看来，圣智、仁义、利器……看起来听起来娓娓动人，其实它只
能煽动人民的情欲，使人们追逐名利，因而你争我夺。要使人民返璞归
真，只有"绝圣弃智、绝巧弃利、绝学无忧。"为什么产生这样激烈的看
法与主张呢？这里又需验之老子、庄子所处历史大背景。

春秋中后期，随着社会的变革，崛起了一个知识阶层，楚简《老子》
称之为"学者""智者"。有时又称"士"——如上士、中士、下士，当
时文献多统称为"士"。这些"士"，照刘向所分，分智士、辩士、仁

士、武士。或者为简便起见，只分为文士与武士。他们不事生产，脱离了土地，有知识，或有技艺，较为自由，宗法关系对他们的束缚相对地说要少得多。由于社会矛盾错综复杂，政局倾轧多变，兼并战争此起彼伏，因此"多士""众贤"又成为一种客观需要。但是多士、众贤不仅仅"使民争"，而且他们往往是一种祸乱之源。弄不好，贤智往往会危及世袭制下的平庸甚至昏乱的国君与公卿。《管子·侈靡》说得明白干脆："上贤者亡。"。那么，怎么办呢？《管子》接着回答："役贤者昌。"役，役使也。也就是说，在尊君的前提下，使用贤智。各国的王公正是这样办的，公室私室纷纷养士、畜士，招揽士人归之。《左传文公十四年》：齐"公子商人骤施于国，而多聚士。"《左传·襄公二十年》："怀子好施，士多归之。"《墨子·贵义》："与绣衣之财以畜士，必千人有余。"它的"众贤之术"是"富之、贵之、敬之、誉之"。这自然与《老子》的"不尚贤""绝圣弃智"大唱反调。但是，事实上根本不可能"弃智"，因为政治与军事迫切需要"智"，无智则亡，"无士则亡"（墨子语）。那么在楚简本《老子》看来该怎么办呢？办法就是上面所引的"太上下智，佑之其即，亲誉之其即，畏之其即，侮之"。这些话是什么意思呢？这就需要诠释关键的文字：

（1）"又"通"有"，但又通"宥"（宽恕），通"佑"（富也）。《小屯殷墟文字乙编》之"又"即"佑"；此处之"又"乃"佑"之假借字。

（2）"即"不能注为今本之"次"，字形、字音与字义无论古今都相差甚远（如文后图）。《说文》："即，即食也。"林义光《文源》："即，就也……象人就食之形。"另外"即"还有就、靠近、接近、迎合、符合等含义；本句诠释的问题症结就在"即"字。它根本不是什么

"次"。

（3）简本"太上下智"之智，非知晓之知，是指知识阶层或智士。他们无不以干君求仕为务。次一等也要投靠卿大夫、公子一类的门下，找碗饭吃。用孟子的话说："士之仕也，犹农夫之耕也。"（《滕文公》）

"其即"就是那些智士，为求得一官半职，谋得一碗饭吃，而接近你、投靠你，迎合你。哪怕他们怕你，看不起你，他们也会想方设法接近你，孔子"干七十余君"，不就是"其即"？"多聚士""士多归之"，就是"其即"，来投靠，求官求饭吃。这些与"其次"的含义差之十万八千里。如何对待这些"其即"的智者呢？"太上下智"——最好是降低智者的声望，同时还要看不起他们："侮之。"役使贤智，固然需要，但这只是一个方面，另一方面，世袭制下的国君还不能太抬举他们，吹捧他们。要压低他们的声望。贤智者的声望一旦在国君之上，君将不君，国将改姓。齐景公等君主不敢用孔子，即源于此种考虑。同时，国君在心理上还应该看不起他们。这就是今本十七章的中心含义。不能将"智快出"释读为"智慧出"，今本十八章有"智慧出，有大伪"，帛书乙本也作"知（智）慧出……"，它被译为"智巧出现，才产生诈伪"。细想此论似不妥，有了原始人就有了智慧，那时能称有大伪？从帛书甲本看，此句为"知（智）快出案（于是）有大伪"（简本无此句）。过去注"快"为"慧"，但《说文》："快，……夬声。""慧，……彗声。"声、形、意，皆不同。"快"非"慧"之借，快者，喜也，迅速也。"智快出案有大伪"，是否应解为"智者迅速地出现，于是有了大的诈伪"？孔子"弟子三千，贤人七十二"，不就是智者层越来越多的历史记载？帛书甲本较之帛书乙本、今本，也许更近于古貌，更符合老子思想。老子的"弃知（智）""下智""使夫智者不敢弗为，则无不治矣"（帛甲本

148

文字）以及《鹖冠子》的"兵智俱起"，是将战争与智者视为同样危险物的，与"智快出有大伪"也是一脉相承的。

⑤那么今本十八章又是什么含义呢？在老子看来，那淳朴的远古时代，无所谓仁义、孝慈、忠贞，人们自然而然仁义、孝慈、忠贞。当"大道废"，朴散真离，统治者为了社会安定，便用仁义、孝慈、忠贞，为美名，号召人们力行，仁义、孝慈就成了治国的治术、权术。人们——尤其是智者为了获取这些美名，做出种种伪行，加速了社会道德的沦丧。儒家只注意到仁义、孝慈、智慧、忠贞的正面，而老子深入其里，看到它们背后的背道与诈伪、不和与昏乱，因而从根本方面提出了解决的办法——尊顺自然，返璞归真、唯道是从。为此，必须降低智者的声望。这样才能使国家、社会安宁。看来这是这两章的思想内涵。可见，今本十七、十八两章文字必须以简本为准，同时重新加以诠释。

【译文】

最好是降低智者的声望；福佑他们，他们就会接近你，就食于你；亲近和赞誉他们，他们更会迎合、就食于你；他们畏惧你，也会设法接近你。要看不起他们。诚信不足，于是才有不信任，犹犹豫豫啊，使他们慎重其言。事遂功成，这样百姓才能说我遵顺自然。所以说，大道废弃，于是才有了仁义；智者们迅速出现，于是才产生大诈大伪；六亲不和，于是有了孝慈；国家昏乱，于是有了正直之臣。

八十七①
倡仁导义者的"三绝"与"少私寡欲"

■ 绝圣弃智,民利百倍;绝仁弃义,民复孝慈;绝巧弃利,盗贼无有。此三言也,以为文未足,故令之有所属:见素抱朴,少私而寡欲■②。

【注释】

①今本十九章。楚简本有此章,但文字不同。西汉本与帛本同。但本章诠释与今本通说有很大不同。

②此处是楚简本之分章点。

从楚简本的文字,可以看出简、帛、西汉、今四本的思想演化进程,单从今本是不可能看出来的:

(1)由楚简本之"绝智弃辩",发展为"绝圣弃智",不仅智、辩皆弃绝,而且"圣"排在弃绝之首。自然这是那些自"圣"之"圣"、伪"圣"之"圣"。

(2)由楚简本之"绝伪弃虑"升格为"绝仁弃义",这等于视"仁义"为虚伪之谋虑、权术。

(3)"绝巧弃利"句虽未修改,但已降到三绝之末。

(4)楚简本之"民复季子"改为"民复孝慈",要求低了,前者很难办到。

(5)楚简本的"或令之,或乎豆(豆,一种古容器,衡量一下之意),见索保仆,少私须欲",即:或命令他们,或者衡量一下他们,追求些什么，是否仆从于道，是否私心小，欲望细微柔弱。而帛本则省为"故令之有所属，见素（非索）抱朴（非仆），少私寡欲（非须欲）"，保持质朴本色，少谋取私利，少些私欲。要求比楚简本简单了。

可见楚简、帛书两本思想上的深化进程何等明晰。试问：天底下哪有这样的"节选"本呢？

【译文】

杜绝伪圣抛弃智巧，对人民会有百倍的好处；杜绝假仁抛弃假义，人民就会重新尊老爱幼；杜绝机巧抛弃货利的诱惑，盗贼才会绝迹。这三句话呀，还不足以形成文告，所以还要使倡仁导义者有所遵循：保持质朴本色，少谋取私利，少些私欲。

八十八①

杜绝私学

■绝学无忧②。

【注释】

①今本二十章之首句。楚简本《老子》乙组第四简即"■绝学无忧"。

②楚简本的"绝学无忧"句，不是在今本十九章之后，而是在今本四十八章以下文句之后："为学日益，为道日损，损之又损〔之〕，以至于无为，无为而无不为。■绝学无忧。"

"绝"字前这一"小横"，是个分章符号，说明"绝学无忧"独立成章。退一步说，即便不是分章点，那它更能说明所谓的"绝学"，即是指前面所说的"学者"之学了。

不过，这里我们需要弄清楚，所谓"绝学"，"绝"的是什么学。是否包括君国之学、官学。下面引述两条古人关于"绝学"的理论，看是否与老子的"绝学"相通。

一、《尹文子·大道上》：

"故所言者极于儒墨是非之辨，所为者极于坚伪偏抗之行，求名而已。故明主诛之。"

二、严遵《道德真经指归》：

"俗学则尊辩贵知，群居党议，吉人得之以益，凶人得之以损。天地之内吉人寡而凶人众，故学之为利也浅而为害也深。夫凶人之为学也，犹虎之得于羽翼，翱翔游于四海，择肉而食。圣人绝之，天下休息，不教而自化，不令而自伏也。"（唐·强思齐《道德真经玄德纂疏》引）

附带说一下，绝学的理论基础是《老子》的"善者不多"论。《尹文子·大道上》说："今天地之间，不肖实众，仁贤实寡。"所以尹文子将儒者、墨者视为"不善"之人，也就不足为奇了。严遵说得更直白："吉人寡而凶人众。"可见尹、严之论都是从"善者不多"论出发的。在黄老之学看来，私学、俗学大多把追逐知识当成谋求私利、炫耀聪明的手段，"为利也浅而为害也深"，如虎添翼，择肉而食。因此要"绝"、要"诛"。所以范应元之注曰："绝外学之伪。"换句话说，官学是不绝的。不然何以君国临民，何以知天道，知天下？因此所谓"绝学"指的是有背官学的私学、俗学。

"绝学"是否还有某种尊君的意思呢？孔子、墨翟，"无地而为君，无官而为长"，声望远在侯王之上，这是否也是某种"民争"、社会不稳不宁的因素？而这种现象由来已久。传说周穆王对士"敬之若神，事之如君"。如果这些士，一不忠君，二不爱国，三有野心，不用说，这是乱源祸根，自然要绝之而后君尊国安的。就算是忠君爱国者，也有悖于"国中有四大安，王居其一安"，这是否意味着难容与王争大之辈呢？所以"绝学无忧"，不过是说"杜绝私学，才能消除各种忧虑"。

【译文】

杜绝私学，才能消除各种忧虑。

八十九①
人之所畏，亦不可不畏

■②唯与诃，其相去几何？美与恶，其相去何若？人之所畏，亦不可不畏。望呵，其未央哉③！

【注释】

①今本二十章中间部分——除首句。

②楚简本之分章点。

③楚简本、帛本、西汉本、今本基本同。"望呵"，西汉本作"芒乎"，不如楚简本、帛本。

【译文】

应诺与诃责，它们究竟相差多远？美好和丑恶，它们究竟不同在哪里？世人所害怕的，也不能不感到害怕。看看吧，它多么没有定准啊！

九十①

老子自画像

（●）众人熙熙，若飨于大牢，而春登台。我泊焉未兆，若婴儿未咳。累呵，如无所归。众人皆有余，我独遗。我愚人之心也，惷惷呵。俗人昭昭，我独若昏呵。俗人察察，我独闷闷呵。忽呵，其若海。望呵，其若无所止。众人皆有以，而我独顽似俚。我欲独异于人，而贵食母②。

【注释】

①今本二十章之第三部分。楚简本无。

②帛本、西汉本、今本基本同。根据楚简和帛本，可将今本二十章一分为三，而文义大明，何乐而不为呢？

【译文】

人们来来往往，非常热闹，好像享受着盛大的宴席，如同春天登高眺望美景。我却淡泊得不露声色，就像还不知道嬉笑的婴儿。疲劳懒散啊，好像还没有找到归宿。人们情欲充沛有余，唯独我遗忘了情欲。我真是个愚蠢人的心胸啊，浑浑噩噩的。世俗的人们是那样精明，唯独我好像糊里糊涂。世俗的人们是那样精于算计，唯独我却暗暗昧昧。捉摸不透啊，他就像浩瀚的大海。向远处看啊，他广阔得无边无际。人们都有所作为，而唯独我显得冥顽粗鄙。我情愿与世人不同，只重视探究咀嚼事物的本源。

九十一①
唯道是从，哪能离得开人情人性！

孔德之容，唯道是从。道之物，唯望唯忽。忽呵望
呵，中有象呵。忽呵望呵，中有物呵。幽呵冥呵，中有
情②吔。其情甚真，其中有信。自今及古，其名不去，以
顺众父。吾何以知众父之然？以此。

【注释】

①今本二十一章。楚简本无此章。此章核心的论点，今本为一个
"情"字所误，极为可惜。

②帛、今本除一字外，基本相同。但此字乃此章之核心。今本二十一
章谈"孔德之容。唯道是从。"所谓"孔德"，也就是俗话说的大恩大
德。《老子》认为大恩大德是什么呢？那就是唯道是从。对于封建社会而
言，此论极为深刻正确。最大的恩德不是什么仁人爱民，不是什么"博施
于民而能济众"，也不是"兼爱"，而是遵循客观规律：道，"唯道是
从"。尽管"道"是难以把握的，或隐或现的，但是它有物、有象、有
情，它是信信实实、确凿无疑的存在。

可惜，传世的《老子》古代四大主要传本：河上公、王弼、傅奕、范
应元本，与现代的四大主要传本：高亨、张松如、任继愈、陈鼓应本，
都错了一个至关重要的字："精"，即把"有情"误读为"有精"（高
亨、张松如曾疑"精"为"情"之误）。一字之差，抹杀了"唯道是从"
的一个核心问题：千万不可忽略人情人性。道虽然或隐或现，但可以从

大量的现象、事物，尤其是人情人性的常理中观察和体验到的，这即是"有象""有物""有情"。但是所有传世本都将两个"有情"误读为"有精"。道、规律、法则，本来就是精之至上至大，怎么会又"有精"呢？于理不通，莫名其妙。原来，精、情、清、请、晴，据《说文》皆为"青"声。比如帛本中就不作"有精"，而作"有请"，这"请"字，虽然可以读为本字"请"，但也可以是其他假借字精、情、清、晴。所以如此之假借字，就看用在什么地方。必须反复推敲。正因为前人没读准，将"情"之假借字"请"（或别的什么）误读为"精"。正好，郭店楚简《性自命出》中有如下一段文字，既可从字的释读上证明上述判断，而且又能从义理上证明上述理解正确无误：

"衍（道）司（始）于青（情），青（情）生于性，司（始）者近青（情），终者近义。"（《郭店楚墓竹简》第179页）

从上例可见，简帛佚籍中的古体字与假借字何等之多与何等复杂！更重要的是《性自命出》所说的："道始于情，情生于性。"这短短八字，深刻揭示了道与人情，道与人性密不可分。作为《老子》道的主体：人道、政道、君道，怎么能离得开人情、人性？这样一来，确证了"请"应读"情"。由此再回过头去细审此章全部论点，就会有不同的体会与诠释。虽然它同时提到现象、事物、人情人性，但是从"中有情地，其情甚真。其中有信"看，"情"——人情、人性乃此章重心所在。违背人情人性，哪能谈得上唯道是从？不仅谈不上于国于民的大恩大德，也许还会制造大灾大难，祸国殃民哩！而西汉本再次证明"其中有情""其情甚真"是对的。（见《北京大学藏西汉竹书贰·老子》，第154页）

　　　　　　　　　　　　　　　　　　大家读老子

【译文】

　　大恩大德的表现，就是完全唯道是从。道这个东西，或现或隐。若隐若现啊，表现在种种现象上。若隐若现啊，它显示在大量事物之中。它虽然幽深不明啊，内中哪能离得开人情人性啊！这人情人性极其真实，这种真实性完全可以验证。从现代追溯到古代，永远离不开对人情人性的认识，依靠它可以理顺事物的根源。我怎样知道事物本质的所以然呢？就是根据这个道理。

九十二①
吹嘘浮夸站不住

（●）吹者不立②，自是者不彰，自见者不明，自伐者无功，自矜者不长。其在道，曰余食、赘行，物或恶之，故有欲③者弗居。

【注释】

①今本二十四章。楚简本无此章。此章所言，帝王是不会喜欢的。所以西汉本"吹者不立"句未改动，只是调整了章次，后来今本再改首句"吹者不立"文句。

②今本二十四章，第一、二句是"企者不立，跨者不行"，下面接着的帛、今本都是倡导别"自是""自见""自伐"。帛书甲、乙本皆无"跨者不行"句，只"炊（吹）者不立"一句，帛书甲、乙本皆如此。即吹嘘浮夸是站不住的。所谓自是、自见、自伐，即自以为是、自我标榜、自我吹嘘，这些统统要通过"吹"（王吹与臣吹）来表现。比较一下"企（踮着脚跟）者不立"与"吹者不立"句，显然帛本的文字必为古貌、原意。它与下文正相呼应相吻合。但是有人说：这个"吹"是古人的导引术。"吹字古代并无吹嘘夸口的义项"。似乎"吹"是今天才发明的。其实，《尚书》就有不少类似的思想了。

《尚书·大禹谟》："克勤于邦，克俭于家，不自满假……"假者，虚假夸大也。即不自满于虚假夸大之词句。又说："汝惟不矜（不夸耀），天下莫与汝争能，汝惟不伐（不自吹），天下莫与汝争功。"《老

大家读老子

子》"天下莫能与之争"句，可能源于此。

仲虺是成汤的左相，他劝勉成汤，作了《仲虺之诰》。其中有这样的话："予闻曰：'能自得师者王，谓人莫己若者亡。好问则裕（有所得，则伟大），自用则小（渺小）。'"果然，后来的殷纣王"高天下以声，以为皆出己下"，秦始皇"以为自古莫及己"（《史记·殷本纪》及（同书《秦始皇本纪》），加速了自己的灭亡。这不就是"人莫若己"之注吗？"莫若己"就要用吹来表达。

《尚书·说命中》："有其善，丧厥善；矜其能，丧厥功。"这是殷高宗武丁任命傅说为相的命辞。

由上引各段文字看来，这些都是对君王及相的劝诫。老子是否也是这样呢？因为对于侯王们来说，吹嘘、浮夸不仅是"不立"的，而且是危险的。自以为是、自我标榜、自我吹嘘、自高自大，将会使侯王、为政者变得耳不聪目不明，并且还可能是块将要发作的恶性肿瘤。这不是什么"以退为进的处世哲学"，而是老子从政治历史中提炼出来的政治哲学。《论语·公冶长》有"勿伐善"等说教，那是主张要谦虚、不要骄傲、不要自吹自擂的处世箴言，而且是以学子为说教对象。而老子的进说对象是侯王，内容、目的大不相同。所以此章被篡改、调整章次，只能认为是出于帝王的意愿。

③今本此章谈自我表现的人是非不清，固执己见的人看不清楚，自我夸耀的人不会成功，结论为"故有道者弗居"。但帛书甲、乙本此处皆作"有欲"，而非"有道"。另外，谈用兵打仗的三十一章，帛书《老子》也作"有欲者弗居"，今本又作"有道"。因此看来，帛书《老子》此两章之"有欲"，不是抄写之误，"有欲"二字当为本字，符合古貌。但是，今本也有"有欲"，如第一章之"常有欲以观其徼"，以及"欲先

民""将欲取天下而为之""吾欲独异于人"……可见,"欲",并非只贪欲,还有希望、想要、期望、应该等"欲",如"吾欲仁""欲速不达"等。因此这两章的"有欲者弗居",即有欲于行道的人不敢这样做。它省了"行道"二字。"有道者"与"有欲于行道者",是不能等同的。

【译文】

吹嘘、浮夸的人站不住脚,自以为是的人不可能抬高自己,自我标榜的人分不清真伪,自我夸耀的人不会取得成功,自高自大的人不能长久。从道的角度来看这些人的行为,可以说都是多余的食物、赘疣,谁都会厌恶他们,所以有心于行道的人决不这样做。

九十三①
不自以为是　不自我标榜

（●）曲则全，枉则正，洼则盈，敝则新，少则得，多则惑。是以圣人执一，以为天下牧。不自是故明，不自见故彰，不自伐故有功，弗矜故能长。夫唯不争，故莫能与之争。古之所谓曲则全者，岂虚语哉？诚全而归之也②。

【注释】

①今本二十二章首句。帛本、西汉本基本同。楚简本无此章。

②西汉本较帛、今诸本增加一"也"字。完善了文义。

【译文】

忍受委曲反能保全自己，冤屈使人追求正直，低洼反能充盈，陈旧反能更新，少取反能多得，贪多反而迷乱。所以圣人始终坚持一个道理，用来治理天下。不自以为是，所以耳聪目明，不自我标榜，所以能提高自己的威望，不自我夸耀，所以事业能取得成功，不自高自大，所以能使自己保持长久。只有遵循这些不争的原则，天下才无人能和他竞争。古人所说的忍受委曲反能保全自己的话，难道还会是空话吗？能成全自己的人实在应归功于懂得这个道理。

九十四^①
少说大自然与吉凶祸福相关联的话

（●）稀言自然^②。

【注释】

①今本二十三章首句。本章分章与诠释异于今本。

②先从章结构说起，张舜徽先生谓"稀言自然"曰："与上下文均不相属也。"（《先秦道论发微》）而姚鼐则说："稀言自然，宜连上读。"这都说明"稀言自然"句与下文难以联系。它不能也很难推导出"飘风不经朝，骤雨不终日"的结论。

帛本为解答这个疑案提供了证据：

第一，古今注家疑有脱简，帛书文字却无脱简征兆。

第二，最重要的证据是帛书甲、乙两本皆无联转下文之"故"字。

第三，帛书《老子》甲本残留的分章点带来启示："稀言自然"与"正言若反""绝学无忧"一样，乃独立之"章"。如此，当能使真相大白。

"自然"是什么？它就是今本《老子》二十五章法地、法天、法自然之"自然"。过去多解作"自己那个样子"，笔者认为：它就是大自然——日月星辰、风雨雷电、日蚀月蚀、山崩地裂、万物的生生灭灭等自然界的种种现象。对于这些，《论语》《孟子》及诸子都谈得很少——"罕言"。《老子》的"稀"，即少、罕也。"稀言自然"即罕言自然。它既是《老子》的自白，又是他的说教。这与"子罕言利，与命，与仁"（《论语·子罕》）、"夫子之言性与天道，不可得而闻也"（《论语·公冶长》），岂不是一回事？同时，孔子对鬼神存而不论，重人事。因为"天道远，人道迩"，不敢妄谈玄远的天道，还是人事更为实际些。而人事也是谈生不谈死，事人不事鬼。这是否与"稀言自然"以至《老子》的某些思想相通？答案是肯定的。

春秋战国时代，尚未摆脱巫术宗教的束缚，所以每逢自然灾异，人们总是将其与人类的吉凶祸福联系起来：

《左传·文公十五年》："日有食之，天子不举，伐鼓于社，诸侯用币于社，伐鼓于朝，以昭事神、训民、事君，示有等威。古之道也。"

《左传·昭公十七年》："夏书曰：辰不集于房，瞽奏鼓，啬夫驰，庶人走。"

今天看起来，自然现象与人和政治上的吉凶祸福是没有联系的。但是春秋战国时代，还不可能认识到这是一种迷信，或者认识了也不可能公之于众。基本的态度是：置而不论、罕言、不言。《左传》中有大量史例，这里不列举了。总之，由于春秋战国时代对自然的观察仅限于肉眼所及，看不到肉眼以外的领域，当时无论是对自然的微观或是宏观认识都有极大的局限性。在这种历史条件下思想家们都是"稀言自然""罕言天道"的。荀子还说："圣人为不求知天。"（《天论》）应该说，这是必然的、合乎逻辑的。对于伟大的思想家来说，这种严谨的态度是不足为奇的、必然的。所以"稀言自然"，即少说、不说大自然与人间吉凶祸福相关联的话。

【译文】

少说大自然与人间吉凶祸福相关联的话。

九十五①
狂风暴雨的启示

（●？）飘风不终朝，暴雨不终日。孰为此者？天地。〔天地〕而弗能久，又况于人乎②？

【注释】

①今本二十三章之二。西汉本将三章联为一章，加"故"字于句首，应删除。

②此章前之"稀言自然"句，单独成章，已如前述，剩下的部分讲的又是两个问题，还应该一分为二。

【译文】

狂风刮不了一个早晨，暴雨下不了一整天。是谁能使它们这样呢？天地。〔天地的〕狂风暴雨尚且不能长久，更何况于人事呢？

大家读老子

九十六①
对君上交友的劝告

故从事而道者同于道，德者同于德，失者同于失。同于德者，道亦得之。同于失者，道亦失之②。

【注释】

①今本二十三章之三，见前两章分章的分析。楚简本无此章。帛、西汉、今三本同。

②孔子有"无友不如己者"之教，这里是对君上交往之教。

【译文】

凡志事于道的人必志同于有道的人，有德的人必志同于有德的人，与背离道德的人相苟同就等于失去了道德。与有德的人相一致的人，也可以得到道。而与背离德的人相苟同，同样也会背离道。

九十七①
宇宙本体论引出"国中有四大安"

■②有物混成，先天地生。绣呵穆呵！独立而不垓，〔周行而不殆，③〕可以为天地母。吾未知其名，字之曰道。吾强为之名曰大。大曰逝，逝曰远，远曰反。道大，天大，地大，王亦大④。国⑤中有四大安，而王居一安⑥。人法地，地法天，天法道，道法自然。

【注释】

①今本二十五章。楚简本有此章。文字与诠释与今本有重大不同。

②楚简本分章点。

③帛、楚简本皆无此句，今本有，据补。西汉本加"遍行而不殆"，今本又改"遍"为"周"。从西汉本与今本。

④⑤⑥老子的"国中有四大"，除了道大、天大、地大之外，海内外最为流行的文本是"人亦大""人居一焉"，《哲学研究》等权威刊物关于老子的论文，也常常这样引文与立论。但郭店楚简《老子》却不是这样的，并且由此凸显出一段老聃的政治哲学。

"天大，地大，道大，王亦大。国中有四大安，而王居一安。人法地，地法天，天法道，道法自然。"

这里有两三处不同：（1）是"王亦大""王居一安"，不是"人亦大""人居一焉"。（2）多了两个流行本所无的"安"字。（3）不是傅奕等本的"域中有四大"，而是"国中有四大安"，"域"虽通"国"，

大家读老子

但"国中"专指政治、社会领域，而"域中"还包括自然界。楚简本证实"国中"为古貌，它是"王大"的旁证。这几处对于我们破译老聃的政治哲学至关重要，千万不能忽视。

今天要是谁说：总统、主席、国王之大，可与天、地、道并列，必被人视为疯话，而在老聃时代却切中要害。商周之时，我国君主专制已初具规模，尽管它远不如秦汉时强大、完善，而王侯"受命于天"的观念也已根深蒂固。至春秋时，礼崩乐坏，周天子早已不成其为天下之"共主"了，天下纷争，"政在诸侯"；而诸侯国之内的纷争也往往无休无止，"政在大夫"。如何停止纷争？如何达到天下安宁？作为周王朝史官的老聃认为：天下必须定于一尊，侯国必须定于一尊，这样才有安定的可能。所以老聃将王侯受命于天的观念赋予了理论和自然的神秘色彩，将王与天、地、道相提并论，可谓尊王已达极至。但是丰富的历史经验又使老聃清醒地认识到，单只尊王是万万不行的，那样会使"王"忘乎所以、胡作非为、无法无天。远的如桀、纣，近的如厉、幽，即是如此，老聃当时当然不可能设想建立立法机构、制定宪法来制约"王"，于是老聃在提出"王亦大"之前，提出了"天大、地大、道大"，即王大的前提是前三大，并且在"王大"后面又提出"法天、法地、法道"，最后连"道"也得效法"自然"，何况"王"乎？老子明为尊王，更重要的是进行遵从自然客观规律的说教，企图以此限制王。因为所谓"法地、法天、法道、法自然"之"法"，并非平民百姓之"法"，而是君上侯王之"法"。所谓法自然，即不可违背自然规律；而"法道"，则是尊重客观规律；所谓法天、法地，就是像天地那样好静、无欲、无为、无事（不以一己私利扰天下），又像天地那样恩泽天下而不以仁德者自居自利。其实儒家也是这样想的。孔子说："大哉，尧之为君也！巍巍乎！唯天为大，唯尧则之。"

（《论语·泰伯》）"则之"即"法之"。或者再用独尊儒术的董仲舒的说法："天覆无外、地载兼爱，风行令而一其威，雨布施而均其德，王术之谓也"。（《春秋繁露·深察名号》）这不就是"王术"的法天则地、法自然？可见，老聃想用这种有限制的尊王来达到天下、国家和人民的安宁。所以这就有了"国中有四大安"的结论。《说文》："安者，静也。"也可说是稳也、定也。这种安定、稳定、宁静的政治哲学，也许至今仍不无借鉴价值。后来人们删去前句之"安"字，将后句"王居一安"变为"王居一焉"，岂不隐去老聃的政治哲学？西汉本就没有发现"安"字之重要。

老聃所谓的"王"，乃指周王、周天子。直至太史儋时，看来也是指周天子的。因为诸侯称王始于公元前344年前魏称王："乘夏车，称夏王"（《战国策·秦策四》），公元前334年齐威王称王，公元前325年秦惠文君、韩威侯又接着称王，三年之后（公元前323）魏、赵、韩、燕、中山"五国相王"。……各大国都称起王来，致使王号之尊大大失色。一王称大是利，多王称大是害，反而大大加剧了战乱，兼并战争愈演愈烈。公元前288年，秦、齐相约，并称为帝——西帝与东帝，但没有几个月，齐取消帝号，第二年五国合纵攻秦，秦也被迫放弃帝号。孟子对于"天下恶乎定"的回答是："定于一。"这个"一"并未解决，换句话说，老聃设想的"王亦大"并没有解决。帛甲本、乙本分别抄写于秦始皇称帝前后及西汉初，这时"王亦大"（"王"此时应升格为"帝"了）是现实的迫切需要，因而"王亦大"未被改动。正像《淮南子·道应训》的引文，以及汉魏的河上公本《老子》、王弼本《老子》没有改动"王亦大"一样，是因为当时现实也需要"王大"（帝大）。但东汉时的《老子想尔注》本，出于道教养生、长生的需要，已将"王大"改为"生大"了。到了唐代贞观之时，天下大治、国泰民安、四海平静。而且"王大"是早已解决和肯定了的问题，同时又在道教、佛教、儒教思想的强大影响下，"王亦大"终于被傅奕本《老子》改为"人亦大"，"人大"被列入"四大"。再说，《老子》中的"以百姓心为心"等思想就是一种"人大"的因素。而且其他道家，儒家著述也有以天、地、人并提的。所以改"王大"为"人大"顺理成章，连唐玄宗也得承认这一点，不敢改动。因而它顺应潮流，迅速被人们认可、传播，由唐至宋、至明清、至民国，一直到帛书《老子》出土一二十年后，人们仍不愿意接受"王亦大"乃《老子》古貌的不争事实，在多种著述、注释、论文的引文中，只用"人亦大"，不用"王亦大"。

其实，"王大"乃是一个不以人们意志为转移的事实。因为在小农经济为主体的经济条件下，和在封建专制主义的政治、文化条件下，"王大"是历史之必然。解放前后，每户人家堂屋中央的"天地君亲师之位"的牌位，岂不就是"家中有五大安"的祈盼？岂不又反映了"王大"之现实？或者说是以王为中心的中国传统文化体现？天与地虽然看得见摸得着，但天地何言？而君、亲、师之言却不绝于耳。"师"是"以吏为师"之"师"，"亲"是思想文化专制主义下的"亲"，师也好、亲也罢，不过是封建专制的礼仪、法度、意愿的体现，归根结底，还是跳不出"王大"之藩篱。至于"王大"是否服从于天大、地大、道大，那就很难说了。而"王大"则是必然与不可避免的。无数志士仁人梦寐以求人大、民大，它迟早会到来，但那将是社会经济、政治、文化条件改变之后的事了。可见，改"王大"为"人大"，不仅与历史与古籍相悖，而且破坏了《老子》的政治哲学，淡化了《老子》宇宙论的落脚点：尊王与制约王，损害不轻，因此不宜改动"王亦大"。同时，我们在据此立论之时，再不能以"人亦大"为据、为出发点了，因为它与"王亦大"的结论是大不相同的。

【译文】

物质世界形成于宇宙混沌之初，它先于天地而存在。它是多么壮丽啊！多么肃穆啊！它独立长存，无边无际，〔循环往复地运行，永不停息，〕它可以作为天地万物的本源。我不知道它的名称，给它取个名字叫"道"。我再勉强给它取个名字叫"大"。大又叫运行不止，运行不止又叫广阔无边，广阔无边又叫循环往复。道大，天大，地大，王也大。国中尊奉四大则安，而尊王也是一种安定的重要因素！人应效法地，地应效法天，天应效法道，道永远遵循自然。

九十八①
万乘之君不能离开严密的警卫

重为轻根，静为躁君。是以圣人终日行，不离其辎重。唯有环官②，晏③处则昭若。若何万乘之王，而以身轻天下？轻则失本，躁则失君④。

【注释】

①今本二十六章，楚简本无此章。帛本、西汉本同。

②帛书甲本作"不离"，但乙本及西汉本作"不远"，从帛书甲本。又，"环官"，帛书甲、乙本皆如是，即环绕跟随之官员与警卫。它与今本之"荣观"大不一样。"唯"不通"虽"，这里是本字。

③燕，乃"宴""晏"之同音假借字，所谓"晏"，晚也，暮也。《小尔雅·广言》："晏，晚也。"《吕氏春秋·慎小》："二小君侍君日晏，公不来至。"高诱注释："晏，暮然。""晏处"，即处于黄昏或夜晚，正与"昭若"相对，昭者白昼。"唯有环官，宴处则昭若"，即"唯有官员与警卫严密的警卫，哪怕是黄昏黑夜也如同白昼一样"。如此，才能与本章之主题"万乘之王不离其辎重，万乘之主奈何以身轻天下"之教相吻合。

④简本没有帛本、今本二十六章，这是很容易理解的。因为春秋与战国前期，还没有出现万乘之王。而《老子》成书之时，"万乘之王"的出现，已势在必然，所以他告诫万乘之君，要稳静、要隆重、威严，切切不可轻浮，切勿妄动，必须戒备森严。否则将会失去臣民，君将不君。试看

下述有关论述：

《左传·襄公十八年》："且社稷之主，不可以轻，轻则失众。"

《孙子兵法·军争》："是故军无辎重则亡，无粮食则亡，无委积则亡。"

《韩非子·喻老》："制在己曰重，不离位曰静。重则能使轻，静则能使躁。故曰'重为轻根，静为躁君'，故曰'君子终日行，不离其辎重'也。邦者，人君之辎重也。主父生传其邦，此离其辎重者也，故虽有代、云中之乐，超然已无赵矣。主父，万乘之主，而以身轻于天下。无势之谓轻，离位之谓躁，是以生幽而死。故曰'轻则失臣，躁则失君'。主父之谓也。"

王真《道德真经论兵要义述》："君子不重则不威，又静者仁之性也。古之所谓君子者，通言天子与诸侯也。""言君子假如终竟一朝一日之行，亦必须崇备法驾，居其辎重之中。""辎重者，兵车营卫之具也。""此又深戒其单车匹马、潜服微行之失。"

这些论述十分有利于理解此章含义。但是此章中有两句话，即今本之"虽有荣观，燕处超然"，由于释读假借字错了，文义被模糊。

【译文】

稳重是轻浮的根基，清静是躁动的主宰。所以君王成天在外行动，不能离开他的营卫辎重。唯有严加警卫戒备，黄昏黑夜也如同白昼一样。为什么身为万乘大国的君王，要把自身看得轻于天下呢？轻率则会丧失臣民，躁动则会失去君位。

九十九^①

力达至善：言、行、数、闭、结

善行者无辙迹，善言者无瑕谪，善数者不以筹策，善闭者无关籥而不可启也。善结者无缲约而不可解也。是以圣人恒善救人而无弃人，物无弃财。是谓愧^②明。故善人，善人之师；不善人，善人之资也。不贵其师，不爱其资，虽智乎大迷。是谓眇要。

【注释】

①今本二十七章。楚简本无此章。帛、西汉本同。

②"愧明"不同于"袭明"，今本二十七章谈"七善"：善行、善言、善数、善闭、善结、善救人、善救物。结语是："是谓袭明。"袭、沿袭、承袭也。所以有人译为"承袭道之明"；"七善"往往是难以承袭的。除非要经历某种失败苦痛，才能领悟怎样去达于善。帛书甲本作"愧明"。《集韵·真韵》："愧，疑也，虑也，忧也。"帛书乙本作"曳明"。曳、拖也，也作困顿讲。《后汉书·冯衍传》："贫而不衰，贱而不恨，年虽疲曳，犹庶几名贤之风。"李贤注："曳，犹顿也。"因此，申、曳意思相近。"明"即忧思的明智，只有经过困顿、忧思，方能达到"七善"。孔子也曾说过"困而知，勉而行"。意思是一个人在顺境中很难获得真知，而困境中的苦苦求索、比较，才能获得正确认识，达于"善"。这与老子说的"愧明"，意思是相类的。因此，帛本当为古貌。

【译文】

善于行走的人不会留下车轮的痕迹，善于辞令的人说话没有差错，无可指摘，善于计算的人用不着筹码策录，善于关闭的人就是不用门闩，他人也难以打开。善于打结的人不用绳索，他人也难以解脱。所以圣人常常善于拯救他人，而没有被他遗弃的人，也没有被他浪费的财物。这就叫作忧思出来的明智。所以善于言、行、数、闭、结的人，是善良人的老师；不善于言、行、数、闭、结的人，可以作为善良人的借鉴。不尊重自己的老师，不爱惜自己的借鉴，虽然自认为聪明，其实是最大的糊涂。这就是微妙深奥的诀窍。

一百①
为圣君、圣人设计的六条恒德

（●）知其雄，守其雌，为天下溪。为天下溪，恒德不离。恒德不离，复归〔于〕婴儿。知其〔荣〕，守其辱，为天下谷。为天下谷，恒德乃足，复归于朴。知其白，守其黑，为天下式。为天下式，恒德不忒。恒德不忒，复归于无极。朴散则为器，圣人用则为官长，夫大制无割②③。

【注释】

①今本二十八章。楚简本无此章。除一句外，其他三古本与今本同。

②"大制无割"四字，在西汉本属下章之首句（见《北京大学藏西汉竹书·贰·老子》第99页，198简）。但在帛书老子甲、乙本属此章，王弼本、河上公本、傅奕本、《老子想尔注》本亦属此章，可见西汉本此句断句不对。

③六条恒德即：柔弱、低下、无伪无饰、卑辱、处于低谷、糊涂。对于君上是极不易做到的，但却是十分重要的啊！历史一再说明这一点。

【译文】

虽然知道它的雄强，却保持它的柔弱，宁愿处于天下的低下之处。宁愿处于天下的低下之处，才不会背离永恒之德。不会背离永恒之德，就能重新回到婴儿那样无伪无饰的状态。

虽然知道它的荣耀，却保持它的卑辱，宁愿处于天下低谷的地方。宁愿处于天下低谷的地方，永恒之德才能圆满，才能重新恢复原有的质朴。虽然知道它的明察，却保持它的糊涂，这应成为天下的法则。成为天下的法则，永恒之德才不会出现差错。永恒之德不出现差错，就能重新回到原始浑朴的状态。浑朴传播开去就会成为有用的工具，圣人任用质朴，设官分制，天下就会归服，而不会你争我夺。

一百零一①
不可因私欲取天下

（●）将欲取②天下而为之，吾见其弗得已。夫天下，神器也，非可为者也。为者败之，执者失之。

【注释】

①今本二十九章之前半部分。楚简本无此章。其他诸古今本略同。

②"取天下"非"治天下"。凡释"取"为"治"的，则必模糊整章文义。

【译文】

谁要想夺取天下而为私，我看他是达不到目的的。所谓天下，就是神圣的国家权力，这不是哪个为私的人随意就能得到的。因为私而取天下的人必定失败，即便取得了天下也会丧失。

一百零二①
去甚　去大　去奢

　　物或行或随，或热或吹，或强或挫，或培或堕。是以圣人去甚、去大、去奢②③。

【注释】

　　①今本二十九章后半部分。楚简本无此章。此章文义与上章不相属，理应分开。

　　②去甚、去大、去奢。取河上公注"甚谓贪淫声色，奢谓服饰饮食，泰谓宫室台榭"。

　　③四古本、今本文义同。

【译文】

　　事物有的行前有的随后，有的热有的冷，有的强壮有的瘦弱，有的成长有的衰亡。所以圣人不要贪淫声色、不要大兴宫室台榭、不要奢侈浪费。

大家读老子

一百零三①
不以兵强于天下

■②以道佐人主，不以兵强于天下，其事好还。师之所居，楚棘生之。善者果而已矣，毋以取强焉。果而毋骄，果而勿矜，果而勿伐，果而毋得已居，是谓果而不强。物壮而老，是谓之不道。不道早已③。

【注释】

①今本三十章。楚简本、帛本、西汉本在发展中不断完善了本章的观点。

②楚简本之分章点。

③与楚简本比较，即可以看出不同时代的战争印痕。

第一，楚简本为"不欲以兵强于天下"，帛本删去了"欲"字，它说明春秋时代的"兵强于天下"，还只是一种想法："欲。"而到战国时，战争的规模大、频率加快、战略目的"强天下"，已经成为事实，所以才改"不欲以"为"不以"。

第二，帛本只增加了"师之所居，荆棘生之"，今本再增加八字："大军之后，必有凶年。"这都是战国、秦汉血的教训结晶。

第三，楚简本只提胜利了不骄傲，不自高自大，不自我夸耀，帛本则补充一条：把胜利看作出于不得已。

第四，帛本增加了"物壮而老，是谓之不道。不道早已。"这又是在总结血的教训。可见楚简、帛、今三本的时代标记何其明显啊！

【译文】

　　用道来辅佐君主，就不应当靠战争来逞强天下，因为用兵打仗这种事很快就有报应。军队驻扎的地方，田园荒芜，长满荆棘。善于用兵的人取得胜利就要适可而止，不能用武力来逞强。胜利了而不骄傲，胜利了而不自高自大，胜利了而不自我夸耀，把胜利看成出于不得已之举，这叫胜利了而不逞强。靠武力兴盛就会走向衰败，这就叫不按道的法则办事。不按道的法则办事必然加速灭亡。

大家读老子

一百零四^①
兵者不祥之器也

■^②夫兵者，不祥之器也，物或恶之。故有欲者弗居。君子居则贵左，用兵则贵右。故兵者非君子之器也。兵者不祥之器也，不得已而用之，铦袭为上^③。勿美也，若美之，是乐杀人也。夫乐杀人，不可以得志于天下矣。是以吉事上左，丧事上右；是以偏将军居左，上将军居右；言以丧礼居之也。杀人众，以悲哀莅之；战胜，以丧礼处之。

【注释】

①今本《老子》三十一章。

②楚简本之分章点。

③今本此句为"恬淡为上"，大谬。今本三十一章云："兵者，不祥之器，非君子之器，不得已而用之。恬淡为上。"（或作"恬恢""恬憺"。）按，"不得已而用兵"本来就不是为争夺人口、土地、钱财的战争，而是生死存亡的战争，这是谈不上什么"恬淡"的。可"恬淡为上"却行世达两千多年。帛本甲本为"铦袭为上"，帛书乙本、楚简本此句亦与帛本的"铦袭"相近。所谓"铦"，利器、锋利也。（《广雅·释诂上》："铦，利也。"《正字通·金部》："铦，刃利也。"《墨子·亲士》："今有五锥，此其铦。"）而"袭"，《左传·庄公二十九年》："凡师，有钟鼓曰伐，无曰侵，轻曰袭。"因此所谓的"铦袭"，

就是今天所说的轻装突然袭击。"不得已而用之，铦袭为上"，即不得已而用兵时，用精兵强将与利器实施轻装突然袭击为最好。帛书乙本与帛本甲本大致相同。即："锐利、凶狠地攻击当为最好。"帛本的文字文通理顺，而今本改为"恬淡"，有害于文义，又于理不通。

【译文】

用兵打仗，是不吉利的事情，谁都厌恶它、反对它。所以有志向的人绝不应停留在用兵打仗上。君子在平时以左方为贵，用兵时以右方为贵。所以用兵打仗不应成为君子的工具。用兵打仗是不吉利的事情，只有到迫不得已时才使用它，并且最好是利用精锐部队实施突然袭击。不应该赞美用兵打仗，如若赞美用兵打仗，就是以杀人为乐了。凡是以杀人为乐的人，就不可能得志于天下。所以吉事崇尚左边，凶丧的事崇尚右边；所以偏将军位于左边，主杀的上将军位于右边；这就是说要以丧事的礼仪来对待用兵打仗。战争中杀人众多，要用悲痛的心情来凭吊死者；打了胜仗，要像对待丧礼那样来对待胜利。

大家读老子

一百零五①
天地都不敢以道为臣，而况王乎？

■②道恒无名朴，虽微而天地弗敢臣，侯王如守之，万物将自宾。

【注释】

①今本三十二章前半部分。此章从分章到文字都有大的差异。

②今本三十二章，据楚简本分章点标明是两章，下面先说前面一章。楚简本此章的释文是：

道恒无名仆（朴），虽微天下弗敢臣，侯王如能守之，万物将自宾。■

首先，先说断句。帛今本过去的断句大多是"道恒无名，朴虽小……"胡适、高亨先生断句为："道常无名朴，虽小……"理由是三十七章"吾将镇之以无名之朴"，如此断句极是。张松如、陈鼓应等已取其说。

其次，帛本、今本之"虽小"二字，楚简本释文为"虽微"，这个"微"字极正确。《说文》："微，隐行也。"是隐蔽之意，而且也有细微之意。

其三，楚简本不是"天下"，而是"天地"，有人可以"取天下"，但无人敢"取天地"。同时帛本多一"而"字，这样一来就成了"虽微而天地弗敢臣也"，这"而"字证明它是连接"虽微"二字的。如此一来文义大明："道永远无名、永远质朴，虽然隐蔽细微，但是连天地也不敢以道为臣"，言外之意：而况王乎？

其四，"微"，是否还有无处不在、莫不有应之意？《庄子·知北游》有一段文字，东郭先生问庄子：'道究竟在什么地方？'答曰："无所不在。"在蝼蛄与蚂蚁中，在杂草丛生中，在瓦和砖中，甚至在粪便之中……如此种种，都有着它的规律——"道"。栖附于万物之中的道，是不可逆其道而行的，只能顺从，违者必败。这似乎在增字解经，姑备一说吧。

其五，在分章上，此章也有极大的启发意义。过去一直以为今本三十二章无疑是一章，岂知在楚简本竟是两章。分章符号特别明显，难道是抄写者预感到此章会被人们误解？所以标得特别明白。由此，可以想见，今本许多章是多章合成的。分成两章，凸显了老聃劝导侯王尊道守道，像道那样无名、不求名。

其六，西汉本有不少章节，比如此章，就是与下章合一，模糊了文义。

【译文】

道永远无名、不求名、质朴，虽然隐蔽但是连天下也不敢以它为臣，侯王如果遵守道的无名、不求名、质朴，万物将自然归化。

大家读老子

一百零六^①
侯王有名之后应知其所止

■^②天地相合，以俞甘露，民莫之令而自均安，始折有名^③。名亦既有，夫亦将知止。知止所以不殆，譬道之在天下也。犹小谷之于海。

【注释】

①今本三十二章后半部分。因分章与个别字有误，文义被模糊。

②楚简本之分章点。

③帛、西汉本、今本为"始制有名"，楚简本为"始折有名"，从"折"。前章谈侯王安守无名、不求名。但不求名又会名自至，名满国。帛、今本的"始制有名"，楚简本则作"始折有名"。"制"有人为因素，"折"，转折也．它是一种自然的转折。天公作美，风调雨顺，五谷丰登，人畜兴旺，普遍丰衣足食。这对侯王、统治者的名望来说，是一种转折。人民会对身居深宫．玉衣美食的侯王感恩戴德。这即是"始折有名"。有了这种转折，往往侯王会归功于己，头脑发热，骄傲自满，进而干出种种蠢事来。古代如此，现代又何尝能完全避免？老聃说，"名亦既有，夫亦将知止"，有了名望后，可要止其所止哟！别忘乎所以。这就是此章之主旨。

【译文】

天地阴阳合通，将会普降甘露，民众没有谁去要求他，就自然受到同样恩惠而安定，这时〔侯王〕开始转向有名望了。已经有了名望，那么就要知道适可而止。适可而止不会招来祸殃，就像道在天下那样灵应。又如小河大川之水必然流向大海那样灵应。

一百零七①
知人　知己　自胜

（●）②知人者，智也；自知者，明也。胜人者，有力也；自胜者，强也。知足者，富也；强行者，有志也。不失其所者，久也；死〔而〕不忘者，寿也。

【注释】

①今本三十三章。楚简本无此章。帛本、西汉本、今本同。

②西汉本此章文字与上章合为一章，因此中间加了"故"字。据楚简本删"故"字，将其分为两章。

【译文】

善于识别人的人，才能称为有智慧；能够了解自身优劣的人，才叫作明白通达。能战胜别人的攻击的人，才叫作有力量；能战胜自身弱点的人，才叫作强大。凡事知道满足的人，才叫作富有；凡事持之以恒的人，才叫作有志气。不丧失自身根本的人，才能叫作长久；身死而不被忘却的人，才叫作长寿。

一百零八①
圣人之所以伟大，是因为他不自以为伟大

（●）道，汛呵！其可左右也。成功遂事而弗名有也，〔衣被〕万物而弗为主，则恒无欲也，可名于小。万物归焉而弗〔知〕主，可名于大。是以圣人之能成大也，以其不为大也，故能成大。

【注释】

①今本三十四章。楚简本无此章。

【译文】

道，无所不在啊！它可以左右一切。它成功遂事却依然默默无闻，〔它养育着〕万物却不去主宰它们，那是因为它永远没有私欲啊，功成身隐而无名。万物归附却不知道谁是自己的主宰，这可以说是道最伟大的地方。圣人之所以能够变得伟大，是因为他不自以为伟大，所以才变得伟大。

大家读老子

一百零九①
天下归附于道，还是势？

（●）势②大象，天下往。往而不害，安坪大。

【注释】

①今本三十五章前半部分。因关键字之误，抹去了老子一个极重要的论断。

②帛、今本作"执"，楚简本作"势"，在今、帛本中只能看到"道"尊于"势"，连一个势字也没有，也没有什么重农之说。但楚简本既倡导道尊于"势"，又面对现实，承认"势"会令天下人归从。要翻这件两千多年历史上一个"大案""要案"，打破多年的思维定式，谈何容易，绝非一两篇文章可以了得的，非得一而再、不怕重复地详作考证与申述不可。

今本三十五章前半部分，帛、今本与简本的文字只差两字：

帛本、今本：执大象，天下往。往而不害，安平大（太）。

楚简本、西汉本：埶（势）大象，天下往。往而不害，安坪大（太）。

楚简本之"埶"。裘锡圭先生说："此句首句实为'埶'，当读为'设'。各本作'执'，恐误。别有说。"查楚简本《老子》图版丙组第四简，此字果然有误。不是"埶"，而是"埶"。它与"执之者失之""无执，故无失也"之"执"只差左下方出头不出头。如下所示：

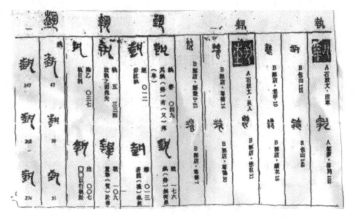

据《战国文字编》（福建人民出版社，2001年12月）、《郭店楚简文字编》
（文物出版社，2000年5月）、《马王堆汉墓简帛文字编》（文物出版社，
2001年6月）、《银雀山汉墓文字编》（文物出版社，2001年7月）制成。

　　这一来可以看清战国、秦、汉的"埶"与"執"了。可见，简本此句
为"埶大象"，而绝非"執大象"，应该是千真万确的。正好，2012年12
月出版的《北京大学藏西汉竹书·贰·老子》，第105页，第二百一十六
简，也是"埶大象"。

　　那么，"埶"是什么呢？"埶"不读"设"，而读"势"。清段
玉裁《说文解字注》："《说文》无势字，盖古用埶为之。"如《荀
子·解蔽》："申子蔽于埶而不知知。"《史记》《汉书》"势"亦写作
"埶"。以上几部早期文献，竟找不出一个"势"字来，也证明了上述各
点。那么，"势"又是什么呢？《说文新附考》："势，盛力，权也，从
力，埶声。"可见，"埶"乃"势"之古体字，权力，权势，威力也。同

大家读老子

时简本不是"平"而是"坪",虽可通假,但是否是平,值得推敲。看来是本字:"坪。"尤其一个"势"字,文义大变。如果译为白话,那就是:"权势威力盛大的形态,能使天下人归附,归附之后不受到伤害,大地平定安泰。"这与过去的译文:"执守大道,天下人都来归往,归往而不互相伤害,于是大家都平和安泰。"真是差之一字,失之千里。

裘锡圭先生说:"考释古文字的根据主要是字形和文例。"上面我们已经从字形上确认了埶、执的差别。下面再从文例上看,"埶"为"势"。此类字例数不胜数:

(1)清段玉裁《说文解字注》曰:"《说文》无'势'字,盖古用'埶'为之。"

(2)竹简本《孙子兵法》《孙膑兵法》共有十几个"势"字,都写作"埶"。

(3)《荀子·解蔽》等也以"埶"为"势"。

(4)至《史记》《汉书》,仍多以"埶"为"势"。

因此,从字形、字例看,无疑"埶"为"势"之古体字。但是考释古文字,除了裘先生说的两条外,还需要再加上一条:校勘以史实,或谓之"以史证文"。看看是否符合事实、史实,于义理是否通顺。有此三条,方能做到确凿无疑。比如郭店楚简《释文》注"埶"为"设",这就成了"设大道,天下往"。《说文》:"埶,种也。"这样"埶大象",就成了种下了大象,似乎比"设"好一点,但也不通。这些就像"执大道,天下往"一样,是不可能的。历朝历代,都有一些"执守大道"的人,如果无权无势,归从之徒寥寥可数,哪里有什么"天下往"?像孔、孟那样倡道守道,一生何曾得志?后来之所以能享配太庙、无比尊荣,还不是由于权势中心的承认与吹捧。所以,只有权重势大、实力雄厚、威慑四方、天下归从，归从之后，如果能不伤害归从的人民，才能真正国泰民安、大地平定。可见"埶"字乃古之"势"字，已无可置疑。

但是，为了更万无一失，还必须验之简帛佚籍。

郭店楚简《性自命出》："好恶，性也。所好所恶，物也。善不善，性也，所善所不善，势也。"一则此"势"与楚简《老子》之"势"一样。二则此段文字是说性有善有不善，但发展为善或不善，是由"势"决定的。"黜性者，势也。"对人的改变、人性的改造来说，势是决定性的东西。这使人想起了《韩非子·五蠹》中的一段话："今有不才之子，父母怒之弗为改、乡人谯之弗为动，师长教之弗为变。夫以父母之爱、乡人之行、师长之智，三美加焉，而终不动，其胫毛不改。州部之吏，操官兵、推公法而求索奸人，然后恐惧，变其节，易其行矣。"其结论是"故父母之爱不足以教子，必待州部之严刑者"，这就是势之于人性。另《语丛三》："势与圣为可察也。"《语丛二》："小不忍则败大势。""毋失吾势，此势得矣。"这些"势"字又与简本《老子》之"势"字同。并且明确"势"在"圣"之上。甚至《孟子·公孙丑上》也有"虽有智慧，不如乘势。"可见，这些学者也是重势的。

【译文】

具有威力与权势的盛大形象，天下就会归附他。归附后不会受到伤害，国家与大地就会安宁、致太平。

一百一十^①
道的吸引力远不如音乐与食物

（●？）乐与饵，过客止，古^②道之出言曰："淡呵，其无味也；视之，不足见也；听之，不足闻也；用之，不可既也。"

【注释】

①今本三十五章后半部分。楚简本有此章。帛、西汉、今本同。

②今本无"故"。帛书甲、乙本皆有"故"。简本则为"古"。"故"字不能转接上文，《说文》："故，古声。"因此"故"，"古"也。这样文字更加清楚。道尊于势，圣在势上，这是儒家的理想，老聃又何尝不如此想呢？如"四大"，道大于天、地、王，但他很清楚：这不可能。依道说出来的话，淡而无味，而且看不见、听不到、摸不着，它的吸引力，连音乐、食物都不如。西汉本无"故"亦无"古"，作"道之出言曰：'淡呵，其无味，视之不足见，听之不足闻，用之不可既也。'"因此，应从西汉本文字。此章就是说这个问题的。

【译文】

优美动听的音乐与美味的食物，能吸引过往的行人停留止步。依道说的话："平平淡淡啊，它是那样的无滋无味；看它，看不见它的形迹；听它，听不到它的声音；用它，却又是无法接近的。"

一百一十一①
邦之利器，不可以示人

　　将欲拾之，必姑张之；将欲弱之，必姑强之；将欲去之，必姑兴之；将欲夺之，必姑予之。是谓微明，柔弱胜强。鱼不可脱于渊，邦之利器，不可以示人。

【注释】

　　①今本三十六章。楚简本无此章，帛、今本基本同。西汉本为"必古"，古非固，古为姑之省。

【译文】

　　要想收敛它，必先暂时扩张它；要想削弱它，必先暂时加强它；要想废弃它，必先暂时发展它；要想夺取它，必先暂时给予它。这就叫精深奥妙的明智，或叫作柔弱战胜刚强的谋略。鱼是不能离开深水的，国家的权道机制，也是不能昭示于人的。

大家读老子

一百一十二①
绝妙后序："母在无名"

●道恒无名②，侯王若守之，万物将自化。化而欲作，吾将镇之以无名之朴。镇之以无名之朴，夫将不辱。不辱以静，天〔下〕将自正③。

【注释】

①此章帛本之文与今本、楚简本均有较大出入。

②西汉本此句为"道恒无为"，但从后面"镇之以无名之朴"看，"无名"错抄为"无为"了。

③此章是帝王文化所忌讳的。大凡有作为之帝，无不好名、争名、保名，为保名而无所不用其极，因而祸国殃民，身败名裂而后已。因此，此章被今本篡改得最彻底。

《老子》有没有序言？有，也没有。帛本有，简本、今本无。帛本是在改写简本此章的文句，使之更准确、更完善，才使之成为后序的：第一，将"道恒无为"改写为"道恒无名"，突出了无名。第二，增加了一句"镇之以无名之朴"，以示强调。第三，将"夫亦将知足，知足以束"改写为"夫将不辱，不辱以静"，这是因为已有专章论及知足，于此未免重复，帛本画龙点睛地改为"不辱"，这就将"不知足"的后果揭示出来：求名取辱，求荣取辱。第四，将"万物将自定"改写为"天下将自定"，这更准确了：不只是"物"而是"天下"。可见，这是一种独具匠心的改写。

楚简本是看不出来有类似序言的东西的，它的竹简全不全，还很难说，并且其排列次序已非原貌。今本没有序言，因为它的篇次被唐玄宗颠倒，章次也是错乱的，关键性的文字又被修改：第一，今本首句是"道常无为无不为，侯王若能守之"，虽只改了几个字，但要求之高，无以复加。侯王守"无名"已难矣，再能守"无为"更不易了。如果让侯王守"无不为"，岂非妄想？查帛本，找不出一句"无为无不为"的文句（楚简本有一处提到"无为而无不为"，但那是感慨"学者日益，为道者日损"的，一旦回到"无为"上来，则"无为无不为"。完全是另一码事）。帛本只劝告侯王像道那样安守无名，这就谢天谢地了。第二，今本删去了加强语气的第二个"镇之以无名之朴"，改"不辱"为"不欲"，于是把老子不要求名取辱的思想完全掩盖了。总之，《老子》总结性的、序言性的章，已经被掩盖了一两千年。

秦汉以前，序言置于书末。如《庄子·天下》，梁启超称之为《庄子》之"自序"，而胡适则说其"乃绝妙之后序"。《史记》《汉书》也是序言在后。《老子》最末章，按照帛书《老子》排列，即今本《老子》之三十七章。它是不是《老子》之序言呢？

第一，《韩非子·解老》曰："凡德者，以无为集，以无欲成。……为之欲之，则德无舍。"所谓"无欲"之欲，即功名欲，因为对于君王，酒、色、财欲，极易满足，唯独功名欲，乃无底深渊。也就是说，韩非认为君王的大德就在于无为与无名欲。这使人想起《孙子兵法·地形》："进不求名，退不避罪，唯人是保，而利合于主，国之宝也。"如果将帅好大喜功，后果堪悲。那么专制君主的好大喜功，其悲剧的结果更会惨于将帅。所以，《老子》的无名思想，也可能受《孙子》影响，更受历史的影响。

大家读老子

第二，王弼曾用两句话概括《老子》："本在无为，母在无名。""无名"之母，方可生出"无为"之本来。为什么？侯王、为政者的"有为"，固然也有顺应自然，以百姓之心为心的"有为"，但更多的是从个人功名欲望出发的，种种弊病、灾害由此生。只有安于无名，才能"辅万物之自然而弗敢为"。《老子》此章，正是用"无名"作为总结《老子》中心思想的。

第三，司马谈《论六家要旨》对于道家就有"光耀天下，复反无名"之语。司马迁的《史记·老子列传》有"修道德，其学以自隐无名为务""无为自化，清静自正"之语。这些与此章的总结吻合：无名、无为，自化、自正。

第四，严遵《道德真经指归》认为《老子》："信顺柔弱，常于止足，归乎无名。"他又说："益我货者损我神，生我名者杀我身。""名"竟与"杀身"并言，可见"无名"之益。而"归乎无名"又与此章合。

第五，此章开宗明义点明这是对"侯王"而言，全书尾章指明这一点十分重要，它指明《老子》主要的进言对象。郭沫若说："老聃之言，根本是向统治者在说话，老百姓哪里懂得半句？"

由这几点可见，尽管此章只四十八字，它却概括了《老子》的中心思想：侯王（及实际掌权的"当国""执政"者）要质朴、安于无名，不要求名求荣取辱。

为什么《老子》对"无名"看得如此重要？《老子》一书不可能展开论述，但道家著作可以找到解答。其一，无为必无名，无名方无为。其二，好名必生事，必舍公就私。其三，好名必多战，战胜则主骄，主骄则恣。其四，好名必争名，争名必过度，争名无宽容。其五，君争名于上，臣争名于下，国无宁日。总之，君王求名求荣，于个人是"取辱"，于国于民则是"取灾取难取祸",如此历史教训多矣!因此订文与诠释如上文。

最后需要说明的是,西汉本除了首句"道恒无名"误写为"道恒无为"(也许抄写者认为"无为"包括"无名"),其他文字完全与帛书《老子》一模一样,这又证明帛书与西汉本一致,结尾章相同。可见《老子》序言章完全可信,铁证如山!《老子》之总结、后序,绝妙无疑!

【译文】

道永远是不追求名的,侯王如果能像道那样安守无名,万物将会自然归化。万物归化之后如贪欲又再度发作,我就用无名去制服它,使它再回到质朴上来。用无名去制服贪欲,使它回到质朴上来,那就不会遭到困辱。不遭困辱就可以宁静,天下自然就会太平安定。

大家读老子

楚简《老子》，帛书《老子》甲、乙本，《西汉竹书》四古本《老子》对照

为方便读者对楚简《老子》，帛书《老子》甲、乙本与西汉竹书本《老子》文字异同的比较，特将此四部书的释文，全文附录于后。

篇次依帛书、西汉本《老子》排列。

章次亦依帛书《老子》，但另编以一、二、三……

西汉本分章依西汉竹书《老子》分章不动。

楚简《老子》只两千多字四十章之文，而且古于帛书甲、乙本与西汉本，自然排列在前，但附于相应的帛书章次之前。因为每章文字较短，所以加了标点。

帛书《老子》有十九个较为正规的分章点：●，照录于文。另外还有十三个钩钩点点，虽不正规，但都标在两章之间或应该重新分章的地方，亦照录于文：∨∧•。另有八十二个显然系断句符号，一律省略。

楚简《老子》分章点多于帛本，其分章点■，一般标于每章之后，也有标于前，或者标其他如"∫"、空格等符号。有的章首写于竹简顶部，因此一律照录于前于后，空格与简首则无法标明。

凡帛书《老子》标明应重新分章的，以及依据新增文字和文义，拟重新分章的，其章次下面标黑点。

楚简与帛书《老子》文字异于今本《老子》的，不再注明。详见本书的注释与辨析。

　　西汉竹书《老子》分七十七章，一律照录。

大家读老子

【楚简老子】	【帛书老子甲本】	【帛书老子乙本】	【西汉竹书老子】
甲（上篇）		上　经	
一	一	一	第一章

| 绝智弃辩，民利百倍；绝巧弃利，盗贼亡有；绝伪弃虑，民复稚子。三言以为使不足，或令之，或乎豆；视索保朴，少（私）须欲■。〔图版与释文〕甲——一、二简。 | □□□□□□□□□□□□□□□□德上德无口口无以为也上仁为之□□以为也上义为之而有以为也上礼□□□□□□□□攘臂而乃之故失道失德矣而后德失德而后仁失仁而后义□义而□□□□□□□□而乱之首也□□□道之华也而愚之首也是以大丈夫居亓厚而不居亓泊居亓实不居亓华故去皮取此 | 上德不德是以有德下德不失德是以无德上德无为而无以为也上仁为之而无以为也上德为之而有以为也上礼为之而莫之应也则攘臂乃之故失道而后德失德而后仁失仁而后义失义而后礼夫礼者忠信之泊也而乱之首也前识者道之华也而愚之首也是以大丈夫居亓泊居亓实而不居亓华故去罢而取此 | 上德不德是以有德下德不失德是以无德上德无为而无以为下德为之而无以为上仁为之而无以为上义为之而有以为上礼为之而莫之应则攘臂而乃（仍）之故失道而后德失德而后仁失仁而后义失义而后礼夫礼忠信之浅而乱之首也前识者道之华不愚之首也是以大丈夫居其厚不居其薄居其实不居其华故去彼取此 |

二	二	二	第二章 （之一）
江海所以为百谷 王，以其能为百谷 下，是以能为百谷 王。圣人之在民前 也，以身后之；其 在民上也，以言下 之。其在民上也， 民弗厚也；其在民 前也，民弗害也。 天下乐进而弗厌。 以其不争也，故天 下莫能与之争。 〔图版与释文〕 甲——二、三、四 简。	昔之得一者天得一 以清地得□以宁神 得一以霝浴得一以 盈侯□□□而以为 正亓至之也胃天毋 已清将恐□胃地毋 □□将恐□胃神毋 已霝□恐歇胃浴毋 已盈将将恐渴胃侯 王毋已贵□□□ □	昔得一者天得一以 清地得一以宁神得 一以霝浴得一以盈 侯王得一以为天下 正亓至也胃天毋已 清将恐莲地毋已宁 将恐发神毋□□□ 恐歇谷霝毋已□将 渴侯王毋已贵以高 将恐欮	昔得一者天得一以 清地得一以宁神得 一以灵谷得一以盈 侯王得一以为正其 致（室）之也天毋 以清将恐死（裂） 地毋已宁将恐发 （废）神毋已宁将恐 歇谷毋已盈将恐竭 侯王毋已贵以高将 恐蹶
三	三	三	第二章 （之二）
罪莫厚乎甚欲，咎 莫险乎欲得，祸莫 大于不知足，知足 之为足，此恒足矣	故必贵而以贱为本 必高矣而以下为奎 夫是以侯王自胃□ 孤寡不亖此亓贱□	故必贵以贱为本必 高矣而以下为土夫 是以侯王自胃孤寡 不亖此亓贱之本与	是故必贵以贱为本 必高以下为基是以 侯王自谓孤寡不穀 此其贱之本邪非也

■。 〔图版与释文〕甲——五、六简。	□与非口故致数与无与是故不欲□□	非之故至数舆无舆是故不欲禄禄若玉	故致数与誉无誉不欲禄禄若玉硌硌若石
四	六	六	第三章
以道佐人主，不欲以兵强于天下。善者果而已，不以取强。果而弗伐，果而弗骄，果而弗矜，是谓果而不强。其事好■。 〔图版与释文〕甲——六、七、八简。	□□□道之动也弱也者道之用也天□□□□□□□	反也者道之动也□□者道之用也天下之物生于有有□于	反者道之动也弱者道之用也天下之物生于有有生于无
	四	四	第四章 （之一）
	□□□□□□□ □□□□□□□ □□□□□□□ □□□□□□□ □□□□□□□ □□□□□□□ □	上□□道董能行之中士闻道若存若亡下士闻道大笑之弗笑□□以为道是以建言有之曰明道费进道如退夷道如类上德如谷	上士闻道勤能行中士闻道若存若亡下士闻道大笑之弗笑不足以为道是以建言有之曰明道若沬（昧）进道如退痍道如类上德如谷
五	五	五	第四章 （之二）
长古之善为士者，必隐弱玄达，深不	□□□□□□□□ □□□□□□	大白如辱广德如不足建德如□质	大白如■广德如不足建德若榆（偷）

可识，是以为之容；豫乎，若冬涉川；犹乎，其若畏四邻，严乎，其若客；焕乎，其若释，屯乎，其若朴；沌乎，其若浊。孰能浊之以束者？将徐清；孰能庀以往者，将徐生。保此道者不欲尚盈。〔图版与释文〕甲——八、九、十简。	□□□□□□□ □□□□□□□ □□□□□□□ □□□道善□□□	□□□大方无禺大器免成大音希声天象无刑道騳无名夫唯道善始且善成	柽（质）真如渝大方无隅大器勉（晚）成大音希（稀）声大象无刑（形）道殷（隐）无名夫惟道善始且成
	七	七	第五章 （之一）
	□□□□□□□ □□□□□□□ □□□□□□中 气以为和	道生一一生二二生三三生□□□以为□□□□□□□以为和	道生一一生二二生三三生万物万物负阴抱阳中〔冲〕气以为和
六 甲	八	八	第五章 （之二）
为之者败之。执之者远之。是以圣人亡为故无败，无执故无失。〔图版与释文〕甲——十简。	天下之所恶唯孤寡不榖而王公以自名也勿或败之□□□之而□故人□□□夕议而教人故强良者不得死我口以为学父	人之所亚□□寡不榖而王公以自□□□□□□云云之而益□□□□□□□□□□吾将以□□父	人之所恶惟孤寡不榖而王公以自命也是故物或损而益或益而损人之所教亦我而教人故强梁（良）者不得死我将以为学（教）父

大家读老子

楚简《老子》	帛书《老子》甲本	帛书《老子》乙本	《西汉竹书》
六 丙 为之者败之，执之者失之。圣人无为故无败也；无执无故〔无失也〕。 〔图版与释文〕丙——十一、十二简。	九 天下之至柔□粤于天下之致坚无有入于无间五是以知无为□□益也不口口教无为之益□下希能及之矣	九 天下之至□驰骋乎天下□□□□□□□无间吾是以□□□□□□也不□□□□□□□□□□□□□矣	第六章 天下之至柔驰骋于天下之至坚无有入于无间吾是以知无为之有益也不言之教无为之益天下稀（能）及之矣
七 甲 临事之纪，慎终如始，此无败事矣。 〔图版与释文〕甲——十一简。	十 名与身孰亲身与货孰多得与亡孰病甚□□□□□□□亡故知足不辱知止不殆可以长久	十 名与□□□□□□□□□□□□□□□□□□□□□□□□□□	第七章 名与身孰亲身与货孰重得与亡孰病是故爱必大费多藏必厚亡故知足不辱知止不殆可以长久
七 丙 慎终若始，则无败矣。人之败，恒于其且成也败之■。 〔图版与释文〕丙——十一、十二简。	十一 大成若缺亓用不罙大盈若盅亓用不都大直如诎大巧如拙大赢如炳	十一 □□□□□□□□□盈如冲亓□□□□□□□巧如拙□□□□□□□诎	第八章 （之一） 大成如缺其用不敝大盈如冲〔盅〕其用不穷大直如诎大巧如拙大盛如诎〔大成若诎〕

八 甲 圣人欲不欲，不贵难得之货；教不教，复众人之所过。是故圣人能辅万物之自然而弗能为。 〔图版与释文〕 甲——十三、十四简。	十二 趩胜寒靓胜炅请靓可以为天下正	十二 趩朕寒□□□□ □□□□□□	第八章 （之二） 趩〔躁〕胜寒静胜热清静为天下政
	十三 ●天下有道□走马以粪天下无道戎马生于郊	十三 □□道却走马□粪无道戎马生于郊	第九章 （之一） 天下有道却走马以粪天下无道戎马产于郊
八 丙 是以圣人欲不欲，不贵难得之货；学不学，复众人之所过。是以能辅万物之自然而弗敢为■。 〔图版与释文〕 丙——十三、十四简。	十四 ●罪莫大于可欲咎莫大于不知足咎憯于欲得□□□□恒足矣	十四 罪莫大可欲祸□□ □□□□□□□□ □□□□□□□□ 足矣	第九章 （之二） 〔故〕罪莫大于可欲祸莫大于不知足咎莫惨于欲得故知足之足恒足
	十五 不出于户以知天下不规于牖以知天道亓出也弥远亓□□ □□□□□□□□ □□□□□为而门	十五 不出于户以知天下不规于□□知天道亓出弥远者亓知弥 □□□□□□□□ □□□而名弗为而成	第十章 不出于户以知天下不窥于牖以知天道其出弥远其知弥少是以圣人弗行而知弗见而名弗为而成

大家读老子

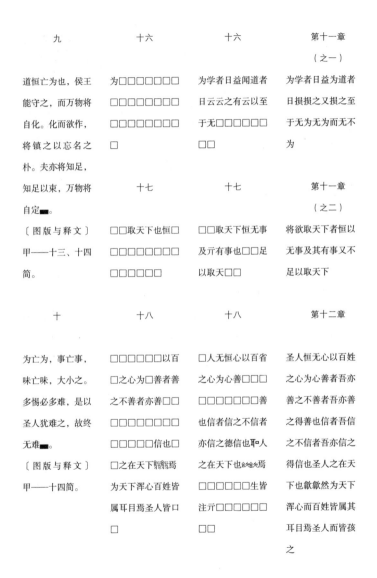

九	十六	十六	第十一章（之一）
道恒亡为也，侯王能守之，而万物将自化。化而欲作，将镇之以忘名之朴。夫亦将知足，知足以束，万物将自定■。〔图版与释文〕甲——十三、十四简。	为□□□□□□ □□□□□□□ □□□□□□□ □	为学者日益闻道者日云云之有云以至于无□□□□□ □□	为学者日益为道者日损损之又损之至于无为无为而无不为

	十七	十七	第十一章（之二）
	□□取天下也恒□ □□□□□□□ □□□□□□	□□取天下恒无事及亓有事也□□足以取天□□	将欲取天下者恒以无事及其有事又不足以取天下

十	十八	十八	第十二章
为亡为，事亡事，味亡味，大小之。多惕必多难，是以圣人犹难之，故终无难■。〔图版与释文〕甲——十四简。	□□□□□□以百□之心为□善者善之不善者亦善□□ □□□□□□□□ □□□□□信也□之在天下翕翕焉为天下浑心百姓皆属耳目焉圣人皆口□	□人无恒心以百省之心为心善□□□ □□□□□□□善也信者信之不信者亦信之德信也耵人之在天下也歙歙焉□□□□□□生皆注亓□□□□□□□□	圣人恒无心以百姓之心为心善者吾亦善之不善者吾亦善之得善也信者吾信之不信者吾亦信之得信也圣人之在天下也歙歙然为天下浑心而百姓皆属其耳目焉圣人而皆孩之

十一	十九	十九	第十三章（之一）
天下皆知美之为美也，恶已；皆知善〔之为善〕，此其不善已。〔图版与释文〕甲——十四、十五简。	□生□□□□□□有□□□徒十有三而民生生動皆之死地之十有三夫何也以亓生生也	□生入死生之□□□□□之徒十又三而民生生僮皆之死地之十有三□何也以亓生生	出生入死之徒十有三死之徒十有三而民生生焉动皆之死地之十有三夫故也以其生生也

十二	二十	二十	第十三章（之二）
有无之相生也，难易之相成也，长短之相形也，高下之相盈也，音声之相和也，先后之相随也。是以圣人居无为之事，行不言之教，万物作而弗始也，为而弗志也，成而弗居。夫唯弗居也，是以弗去也■。	蓋口口执生者陵行不口矢虎入军不被甲兵矢无所揣亓角虎无所昔亓蚤兵无所容□□□何故也以亓无死地焉	盖闻善执生者陵行不辟累虎入军不被兵革累无□□□□□□□亓蚤兵□也以亓无□□□	盖闻善摄生者陵行不避兕虎入军不被兵革虎无所措其爪兕无所揣其角兵无所容其刃夫故也以其无死地焉

	二十一	二十一	第十四章（之一）
	●道生之而德畜之物刑之而器成之是万物尊道而贵口□	道生之德畜之物刑之而器成之是以万物尊道而贵德道之	道生之德畜之物形之势成之是以万物尊道而贵德道之尊

〔图版与释文〕甲——十五、十六、十七简	之尊德之贵也夫莫之尉而恒自然也	尊也德之贵也夫之爵也而恒自然也	德之贵夫莫之爵而恒自然
十三	二十二	二十二	第十四章（之二）
道恒无名，仆唯栖，天地弗敢臣，侯王如能守之，万物将自宾■。〔图版与释文〕甲——十八简。	●道生之畜之长之遂之亭之□之□□□□□□弗有也为而弗寺也长而勿宰也此之谓玄德	道生之畜□□□□之亭之毒之养之复□□□□□□□弗宰是胃玄德	道生之畜之长之逐之育之成之熟之养之覆之故生而弗有为而弗持长而弗宰是谓玄德
十四	二十三	二十三	第十五章（之一）
天地相合，以俞甘露，民莫之令而自均安。始折有名，名亦既有，夫亦将知止，知止所以不殆，譬道之在天下也，犹小谷之于江海■。〔图版与释文〕	●天下有始以为天下母既得亓母以知亓口复守亓母没身不殆	天下有始以为天下母既得亓母以知亓子既○知亓子复守亓母没身不怡	●天下有始可以为天下母既得其母以知其子既知其子复守其母没身不殆
	二十四	二十四	第十五章（之二）
	●塞亓闷闭亓门终	塞亓悦闭亓门冬身	塞其脱（兑）闭其

甲——十九、二十简。 十五 有状混成，先天地生。夺穆、独立、不垓，可以为天下母，未知其名，字之曰道，吾强为之名大。大曰逝，逝曰远、远曰反。天大、地大、道大、王亦大。国中有四大安，王居一安。人法地、地法天、天法道。道法自然■。〔图版与释文〕甲——二十一、二十二、二十三简。	身不菫启亓悶济亓事终身□□□小曰□守柔曰强用亓光复归亓明毋遗身央是胃袭常 二十五 ●使我挈有知也□□大道唯□□□□甚夷民甚好解朝甚除田甚芜仓甚虚服文采带利口口食货□□□□□□□□□□ 二十六 善建□□拔□□□□□子孙以祭祀□□□□□□□□□□□□□□余修之□□□□□□□□□□□	不菫启亓坦齐亓□□□不棘见小曰明守□□强用□□□□□□遗身央是胃□常 二十五 使我介有知行于大道唯他是畏大道甚夷民甚好解朝甚除田甚芜仓甚虚服文采带利剑猒食而赀财□□□盗□非□也 二十六 善建者□□□□□□子孙以祭祀不绝脩之身亓德乃真脩之家亓德有余脩之乡亓德乃长脩之国亓德乃夆脩之天	门终身不勤启其兑济其事终身不来救见小曰明守柔曰强用其光复归其明毋遗身殃是谓袭常 第十六章 使我挈有智行于大道唯迤是畏大道甚夷而民好径朝甚除田甚芜仓甚虚服文采带利剑厌食资货有余是谓盗竽非道也 第十七章 善建不拔善抱不脱子孙以其祭祀不绝修之身其德乃真修之家其德有余修之乡其德乃长修之国其德乃丰修之天下

十六			
天地之间，其犹橐籥与？虚而不屈，动而愈出■。〔图版与释文〕甲——二十三简。	□□□□□以身□身以家观家以乡观乡以邦观邦以天□观□□□□□□□□□□□□	下亓德乃溥以身观身以家观□□□国以天下观天下吾何□知天下之然兹以□	其德乃溥以身观身以家观家以乡观乡以国观国以天下观天下吾何以知天下然哉以此
	二十七	二十七	第十八章

十七			
至虚，恒也；守中，笃也。万物方作，居以待复。天物员员，各复其根■。〔图版与释文〕甲——二十四简。	□□之厚□比于赤子逢□□地弗螫攫鸟猛兽弗搏骨弱筋柔而握固未知牝□□□□□精□至也终日号而不㜎和之至也和曰常知曰明益生曰祥心使气曰强□□即老胃之不道不□□□	含德之厚者比于赤子蜂疠虫蛇弗赫据鸟孟兽弗捕骨筋弱柔而握固未知牝牡之会而朘怒精之至也冬日号而不嚘和□□□□□□常知常曰明益生曰祥心使气曰强物□则老胃之不道不道蚤已	含德之厚者比于赤子〔毒虫不螫猛兽不据攫鸟不搏〕骨弱筋柔而握固未知牝牡之合而朘怒精之至也终日号而不嗄和之至也和曰明益生曰祥心使气曰强物壮则老谓之不道早已
	二十八	二十八	第十九章

十八			
其安也，易持也。其未兆也，易侮也。其脆也、易判也，其几也、易剪	□□弗言言者弗知塞亓闷闭亓□□其	知者弗言言者弗知塞亓㨂闭亓门和亓	〔智〕者弗言言者弗〔智〕塞其〔兑〕

也。为之于其亡有也，补之于其未乱。 〔图版与释文〕甲 ——二十五、二十六简。	光同亓鑒坐亓阅解亓纷是胃玄同故不可得而亲亦不可得而疏不可得而利亦不可得而害不可□而贵亦不可得而浅故为天下贵	光同亓尘锉亓兑而解亓纷是胃玄同故不可得而亲也亦□□得而□□□得而○利□□□得而害不可得而贵亦不可得而贱故为天下贵	闭其门和其光同其尘挫其锐解其纷是谓玄同故不可得而亲亦不可得而疏不可得而害不可得而贵亦不可得而贱故为天下贵
十九			
合抱之木，生于毫末；九成之台，作于累土；百仞之高，始于足下■。 〔图版与释文〕甲 ——二十六简。	**二十九**	**二十九**	**第二十章**
二十	●以正之邦以畸用兵以无事取天下吾□□□□□也哉夫天下□□讳而民弥贫民多利器而邦家兹昏人多知而何物兹□□□□□□盗贼□□□□□□□□□我无为也而民自化我好静而民自正我无事民□□□□□□□□□	以正之国以畸用兵以无事取天下吾何以知亓然也才夫天下多忌讳而民弥贫民多利器□□□□□□□□□□□□□□□物兹章而盗贼□□是以□人之言曰我无为而民自化我好静而民自正我无事而民自富我欲不欲而民自朴	以正之国以奇用兵以无事取天下吾何以知其然也夫天多忌讳而民弥〔畔〕民多利器而国家滋昏人多智而〔苛〕物滋起法物滋章而盗贼多有故圣人之言云我无为而民自化我无事而民自富我好静而民自正我欲不欲而民自朴
智之者弗言，言之者弗智。闭其兑，塞其门，和其光，同其尘，挫其锐，解其纷，是谓玄同。故不可得而			

亲，亦不可得而疏；不可得而利，亦不可得而害；不可得而贵；亦不可得而贱。故为天下贵■。〔图版与释文〕甲——二十七、二十八、二十九简。	三十	三十	二十一章
	□□□□□□□其正察察其邦夬夬□福之所倚福祸之所伏□□□□□□□□□□□□□□□□□□□□□□□□□□□□□□□□	元正□□元民屯屯元正察察元□□□福□之所伏孰知元极□无正也正□□□善复为□□之□也元日固久矣是以方而不割兼而不刺直而不绁光而不眺	其政昏昏其民蠢蠢其政察察其国夬夬福祸之所倚祸福之所伏夫孰知其极其无正（也）正复为奇善复为妖人之廷（迷）其日固久矣是以方而不割廉〔谦〕而不刺直而不肆〔绁〕光而不耀〔眺〕
二十一			
以正之邦，以奇用兵，以无事取天下。吾何以知其然也？夫天下多忌讳，而民弥畔；民多利器而邦家滋昏；人多智，而奇物滋起。法物滋彰，盗贼多有。是以圣人之言曰：我无事而民自富，我亡为而民自化，	三十一	三十一	第二十二章
	□□□□□□□□□□□□□□□□□□□□□□□□□□□□可以有国有国之母可以长久是胃深槿固氐长□□□道也	治人事天莫若啬夫唯啬是以蚤服蚤服是胃重积□重□□□□□□□莫所元□莫知元□□□有国有国之母可□□久是胃□根固氐长生久视之道也	治人事天莫若啬夫惟啬是以早服早服是谓重积德重积德则无不克无不克则莫知其极莫知其极则可以有国有国之母可以长久是谓深根固柢长生久视之道也

我好静而民自正, 我欲不欲而民自朴 丨。 〔图版与释文〕 甲——二十九、 三十、三十一、 三十二简。	三十二 □□□□□□□	三十二 治大国若亨小鲜	第二十三章 (之一) 治大国若烹小鲜
二十二 含德之厚者,比于 赤子。蜂蝎虫蛇弗 螫,攫鸟猛兽弗。 骨弱筋柔而捉固, 未知牝牡之合然 怒,精之至也;终 日乎而不忧,和之 至也。和日常, 知和日明,益生日 祥,心使气日强。 物壮则老,是谓不 道■。 〔图版与释文〕 甲——三十三、三	三十三 □□□天下亓鬼不 神非亓鬼不神也亓 神不伤人也非亓申 不伤人也圣人亦弗 伤□□□不相□□ 德交归焉 三十四 大邦者下流也天下 之牝天下之郊也牝 恒以靓胜牡为亓 □□宜为下大邦□ 下小□则取小邦小 邦以下大邦则取于 大邦故或下以取或 下而取口大邦者不 过欲兼畜人小邦者	三十三 以道立天下亓鬼不 神非亓鬼不神也亓 神不伤人也非亓神 不伤人也□□□弗 伤也夫两□相伤故 德交归焉 三十四 大国□□□□□□ □牝也天下之交也 牝恒以静朕牡为亓 静也故宜为下也故 大国以下□国则取 小国小国以下大国 则取于大国故或下 □□□下而取故大 国者不□欲并畜人	第二十三章 (之二) 以道莅天下其鬼不 神非其鬼不神其神 不伤人也其神不伤夫 两不相伤故德交归 焉 第二十四章 大国者下流也天下 之牝也天下之交也 牝恒以静胜牡为其 静也故为下故大国 以下小国则取小国 小国以下大国则取 于大国故或下以取 或下而取故大国不 过欲并畜人小国不

十四、三十五简。	不过欲人事人夫皆得亓欲□□□□为下	小国不□欲人事人夫□□其欲则大者宜为下	过欲人事人夫各得其欲故大者宜为下
二三			
名与身孰亲？身与货孰多？得与亡孰病？甚爱必大费。厚藏必多亡。故知足不辱。知止不殆，可以长久■。〔图版与释文〕甲——三十五、三十六简。	三十五	三十五	第二十五章
	□者万物之注也善人之葆也不善人之所葆也美言可以市尊行可以贺人人之不善也何弃之□有故立天子置三卿虽有共之璧以先四马不善坐而进此古之所以贵此者何也不胃求□得有罪以免舆故为天下贵	道者万物之注也善人之葆也不善人之所保也美言可以市尊行可以贺人人之不善何□□□立天子置三乡虽有□□璧以先四马不若坐而进此古□□□□□□□□不胃求以得有罪以免故为天下贵	道者万物之奥〔注〕也善人之宝不善人之所保也美言可以市尊行可以贺人人之不善何弃之有故立天子置三公虽有拱之璧以先驷马不如坐而进此古之所以贵此者何也不曰求以得有罪以免乎故为天下贵
二十四			
反也者，道动也；弱也者，道之用也。天下之物生于有，生于亡■。〔图版与释文〕甲——三十七简。	三十六	三十六	第二十六章（之一）
	●为无为事无事味无未大小多少报怨以德	为无为□□□□□□□□□□□□	为无为事无事味无味小大多少报怨以德

二十五

持而盈之，不若其已；揣而群之，不可长保也。金玉盈室，莫能守也。贵富而骄，自遗咎也，功述身退，天之道也∫。

〔图版与释〕甲——三十八、三十九简。

乙（下篇）

二十六

给人事天莫若穑。夫唯穑，是以早备，早备是谓重积德，〔重积德则无不克，无〕不克则莫知其亟（极），莫知其亟（极）可

三十七

∨图难乎□□□□□□□□天下之难作于易天下之大作于细是以圣人冬不为大故能□□□

三十八

□□□□□□□□必多难是以□□人猷难之故冬于无难

三十九

●亓安也易持也□□□□易谋□□□□□□□□□□□□□□□□□□□□□□□□□□□□□

三十七

□□□□□□乎其细也天下之□□□易天下之大□□□□□□□□□□□□□□□□

三十八

夫轻若□□信多易必多难是以耻人□之故□□□□

三十九

□□□□□□□□□□□□□□□□□□□□□□□□□□□□□□□□□□□□□

第二十六章
（之二）

图难乎其易也为大乎其细也天下之难事作于易天下之大事作于细是以圣人终不为大故能成大

第二十六章
（之三）

夫轻诺必寡信多易必多难是以圣人犹难之故终无难

第二十七章
（之一）

其安易持也其未兆易谋也其脆易判也。其微易散也为之其无有也治之其未乱也

以有国，有国之 母，可以长〔久。 是谓深槿、固氏、 长生久视之道也 ■。 〔图版与释文〕乙 ——一、二简。	四十 □□□□□□毫末 九成之台作于羸土 百仁之高台于足口 下	四十 □□□□木作于毫 末九成之台作于累 土百千之高始于足 下	第二十七章 （之二） 合抱之木作于毫末 九成之台作于累土 百仞之高始于足下
二十七 学者日益，为道者 日损，损之又损， 以至于无为也，无 为而无不为■。 〔图版与释文〕 乙——三、四简。	四十一 □□□□□□□□ □□□□□也□ 无败口无执也故无 失也	四十一 为之者败之执者失 之是以耵人无为□ □□□□□□□ □□□	第二十八章 （之一） 为者败之执者失之 是以圣人无为故无 败也无执故无失也
二十八 绝学无忧。 〔图版与释文〕 乙——四简。	四十二 民之从事也恒于亓 成事而败之故慎终 若始则□□□□	四十二 民之从事也恒于亓 成事而败之故曰慎冬 若始则无败事矣	第二十八章 （之二） 民之从事也恒于其 成事而败之故慎终 如始则无败事矣
	四十三 □□□欲不欲而不	四十三 是以耵人欲不欲而	第二十八章 （之三） 是以圣人欲不欲不

<table>
<tr><td>

二十九

唯与诃，相去几何？美与恶，相去何若？人之所畏，亦不可不畏■。

〔图版与释文〕

乙——四简。

三十

人，宠辱若惊，贵大患若身。何谓宠辱若惊？宠为下也。得之若惊，失之若惊。是谓宠辱若惊。〔何谓贵大患〕若身？吾所以有大患者，为吾有身。及吾亡身，有何〔患〕？故贵为身于〕为天下，若可以托天下矣，爱以身为天下，若可以

</td><td>

贵难得之肦学不学而复众人之所过能辅万物之自□□弗敢为

四十四

故曰为道者非以明民也将以愚之也民之难□也以亓知也故以知知邦邦之贼也以不知知邦□□德也恒知此两者亦稽式也恒知稽式此胃玄德玄德深矣远矣与物□矣乃□□□

四十五

□海之所以能为百浴王者以亓善下之是以能为百浴王是以圣人之欲上民也

</td><td>

不贵难得之货学不学复众人之所过能辅万物之自然而弗敢为

四十四

古之为道者非以明□□□□之也夫民之难治也以亓知也故以知知国之贼也以不知知国之德也恒知此两者亦稽式也恒知稽式是胃玄德玄德深矣远矣□物反也乃至大顺

四十五

江海所以能为百浴□□□亓□下之也是以能为百浴王是以耵人之欲上民也

</td><td>

贵难得之货学不学而复众人之所过以辅万物之自然而弗敢为

第二十九章

古之为道者非以明民也将以愚之也民之难治以其智也故以智知国国之贼也以不智知国国之德也恒知此两者亦楷式恒知楷式此谓玄德玄德深矣远矣与物反矣乃至大顺

第三十章

江海之所以能为百谷王者以其善下之也故能为百谷王是以圣人之欲高民也

</td></tr>
</table>

寄天下矣■。	必以亓言下之亓欲	必以亓言下之其欲	必以其言下之其欲
〔图版与释文〕	先□□必以亓身后	先民也必以亓身后	先民也必以其身后
乙——五、六、	之故居前而民弗害	之故居上而民弗重	之是以居上而民弗
七、八简。	也居上而民弗重也	也居前而民弗害天	重居前而民弗害也
	天下乐隼而弗猒也	下皆乐谁而弗猒也	是以天下乐推而弗
三十一	非以亓无净与故□	不□亓无争与故天	厌也不以其无争邪
	□□□□净	下莫能与争	故天下莫能与之争
上士闻道，勤行于			
其中；中士闻道，	四十九	四十九	第三十一章
若闻若亡；下士闻			（之一）
道，大笑之。弗大	□□□□□□□□	天下□胃我大大而	天下皆谓我大以（似）
笑，不足以为道	夫唯口故不宵若宵	不宵夫唯不宵故能	不肖夫惟大故不肖
矣。是以建言有	细久矣	大若宵久矣亓细也	若肖久矣其细也夫
之：明道如悖，夷		夫	
道〔如类，进〕道			
若退。	五十	五十	第三十一章
〔图版与释文〕乙			（之二）
——九、十简。	我恒有三葆之一曰	我恒有三珠市而珠	我恒有三宝持而保
	兹二曰检□□□	之一曰兹二曰检三	之一曰慈二曰俭三
三十二	□□□□□□□	曰不敢为天下先夫	曰不敢为天下先慈
	□□故能广不敢为	慈故能勇检故能广	故能勇俭故能广不
上德如谷。大白如	天下先故能为成事	不敢为天下先故能	敢为天下先故能为
辱，广德如不足，	长今舍亓兹且勇舍	为成器长□舍亓兹	成器长今舍其慈且
建德如输，质真如	亓后且先则必死矣	且勇舍其检且广舍	勇舍其俭且广舍其

渝。大方亡隅，大器慢成。大音祇声。天象亡形。道〔褒无名，夫唯道，善始且善成〕。 〔图版与释文〕乙——十一、十二简。	夫兹□□则胜以守则固天将建之女以兹垣之	亓后且先则死矣夫兹以单则胜以守则固天将建之如以兹垣之	后且先则死矣夫慈以阵则正以守则固天之救之若以慈卫之
	五十一	五十一	第三十二章
三十三	善为士者不武善战者不怒善胜敌者弗□善用人者为之下□胃不诤之德是胃用人是胃天古之极也	故善为士者不武善单者不怒善朕敌者弗与善用人者为之下是胃不争□德是胃用人是胃肥古之极也	善为士者不武善战者不怒善胜〔敌〕者弗〔与〕善用人者为之下是谓不争之德是谓用人是谓配天古之极
闭其门、塞其兑，终身不危。启其兑、赛其事，终身不救■。 〔图版与释文〕乙——十三简。	五十二	五十二	第三十三章
三十四	●用兵有言曰吾不敢为主而为客吾不进寸而芮尺是胃行无行攘无臂执无兵乃无敌矣■■莫于于无适无适斤亡吾葆矣故称兵相若则哀者胜矣	用兵又言曰吾不敢为主而为客不敢进寸而退尺是胃行无行攘无臂执无兵乃无敌祸莫大于无敌无敌近○亡吾琇矣故抗兵相若而依者朕□	用兵有言曰吾不敢为主而为客不敢进寸而退尺是谓行无行攘无臂执无兵乃无敌祸莫大于无敌无敌则几亡吾宝矣故抗兵相若则哀者胜矣
大成若缺，其用不敝■。大盈若盅，其用不穷■。大巧			

若拙，大成若诎■，大直若屈■。〔图版与释文〕乙——十四简。	五十三	五十三	第三十四章
三十五 噪胜苍，青胜燃，清静为天下定。〔图版与释文〕乙——十五简	吾言甚易知也甚易行也而人莫之能知也而莫之能行也言有君事有宗亓唯无知也是以不□□□□□□□我贵矣是以圣人被褐而褱玉	吾言易知也易行也而天下莫之能知也莫之能行也夫言又宗事又君夫唯无知也是以不我知知者希则我贵矣是以聑人被褐而褱玉	吾言甚易知甚易行而天下莫之能知莫之能行言有宗事有君夫唯无知是以不吾知知我者稀则我贵矣是以圣人被褐而怀玉
三十六 善建者不拔，善保者不脱，子孙以祭祀不顿。修之身，其德乃真；修之家，其德有舍；修之乡，其德乃长；修之邦，其德乃丰；修之天下，其德乃溥。〔故以身观身，以家观〕	五十四 知不知尚矣不知不知病矣是以圣人之不病以亓□□□□□	五十四 知不知尚矣不知病矣是以聑人之不□也以亓病病也是以不病	第三十五章 知不知上矣不知知病矣夫惟病病是以不病圣人之不病以其不病也是以不病
	五十五 □□□畏畏则□□□□矣	五十五 民之不畏畏则大畏将至矣	第三十六章（之一） 民不畏威则大威至矣

家，以乡观乡，以邦观邦，以天下观天下。吾何以知〔天下之然？以此〕。〔图版与释文〕乙——十五、十六、十七、十八简。	五十六 ●毋闸亓所居毋猒亓所生夫唯弗猒是□□□□□□□□□□□□□□而不自贵也故去被取此	五十六 毋伊亓所居毋猒亓亓所生夫唯弗猒是以不猒是以耵人自知而不自见也自爱而不自贵也故去罢而取此	第三十六章 （之二） 毋柙（闸）其所居毋厌其所生夫惟弗厌是以不厌是以圣人自知而不自见也自爱而不自贵也故去彼取此
丙（附录） 三十七 太上下智。佑之其即，亲誉之其即。畏之其即。侮之。信不足，安有不信。犹乎，其贵言也。成事述功，而百姓曰我自然也。故大道废，安有仁义；〔智快出，安有大伪〕；六亲不和，安有孝慈；邦	五十七 ●勇于敢者□□□于不敢者则栝□□□□□□□□□□□□□ 五十八 □□□□□□□□□□不言而善应不召而自来弹而善谋□□□□□□	五十七 勇于敢则杀勇于不敢则栝□两者或利或害天之所亚孰知亓故 五十八 天之道不单而善朕不言而善应弗召自来单而善谋天网径径疏而不失	第三十七章 （之一） 勇于敢则杀勇于不敢则活此两者或利或害天之所恶孰知其故 第三十七章 （之二） 天之道不争而善胜不言善应弗召自来〔默然〕善谋天网恢恢疏而不失

大家读老子

	五十九	五十九	第三十八章
家昏〔乱，安〕有正臣■。 〔图版与释文〕丙——一、二、三简。	□□□□□□奈何以杀愳之也若民恒是死则而为者吾将得而杀之夫孰敢矣若民□□必畏死则恒有司杀者夫斫也夫伐大匠斫者则□不伤亓手矣	若民恒且○不畏死若何以杀瞿之也使民恒且畏死而为畸者□得而杀之夫孰敢矣若民恒且必畏死则恒又司杀者夫代司杀者杀是代大匠斫夫代大匠斫则希不伤亓手	（●）民恒不畏死奈何其以杀惧之也若使民恒不畏死而为奇者吾得而杀之夫孰敢矣恒有司杀者夫代司杀者杀是代大匠斫也夫代大匠斫者希不伤其手矣

三十八			
埶（势）大象，天下往，往而不害，安坪太。 〔图版与释文〕丙——四简。			

	六十	六十	第三十九章 （之一）
三十九	●人之饥也以亓取食道之多也是以饥百姓之不治也以亓上有以为□是以治	人之饥也以亓取食蹴之多是以饥百生之不治也以亓上之有以为也□以不治	●人之饥也以其取食税之多也是以饥百姓之不治也以其上之有以为也是以不治

乐与饵，过客止。古道〔之出言〕，淡呵，其无味也，视之不足见，听之不足闻，〔用之〕不可既■。 〔图版与释文〕丙——四、五简。	六十一	六十一	第三十九章 （之二）
	●民之巠死以亓求生之厚也是以巠死	民之轻死也以亓求生之厚也是以轻死	●民之轻死以其生之厚也是以轻死夫

	夫唯无以生为者是贤贵生	夫唯无以生为者是贤贵生	唯无以生为是贤贵生也
四十	六十二	六十二	第四十章

君子居则贵左，用兵则贵右。故曰兵者〔非君子之器，不〕得已而用之。铦袭为上。弗美也。美之，是乐杀人。杀人。夫乐〔杀人，不可〕得志于天下。故吉事尚左，丧事尚右。是以偏将军居左，上将军居右。言以丧礼居之也。故〔杀人众〕，则以哀悲莅之。战胜，则以丧礼居之。〔图版与释文〕丙——六、七、八、九、十简。

●人之生也柔弱其死也葆仞贤强万物草木之生也柔脆亓死也棒蠹故曰坚强者死之徒也柔弱微细生之徒也兵强则不胜木强则恒大居下柔弱微细居上

人之生也柔弱亓死也脑信坚强万□□木之生也柔粹亓死也棒橘故曰坚强死之徒也柔弱生之徒也□以兵强则不朕木强则兢强大居下柔弱居上

●人之生也柔弱其死也㯪韧坚强万物草木之生也柔弱其死也枯槁故坚强者死之徒也柔弱者生之徒也是以兵强则不胜木强则故强大居下柔弱居上

六十三	六十三	第四十一章

天下□□□□者也高者印之下者举之有余者敓之不足者补之故天之道败有□□□□□□□□不然敓□□□奉有余孰能有余而有以取奉于天者乎

天之道酉张弓也高者印之下者举之有余者云之不足者□□□□□□云有余而益不足人之道云不足而奉又余夫孰能又余而□□奉于天者唯又道者乎是

天之道犹张弓者也高者抑之下者举之有余者损之不足者补之天之道损有余而奉不足人之道不然损不足而奉有余孰能有余而又取奉于天〔下〕者惟有

□□□□□□□□ □□□□□□□□ □□□□□□□□ 见贤也	以耵人为而弗又成 功而弗居也若此亓 不欲见贤也	道者也是以圣人为 而弗有成功而弗居 其欲不见贤也
六十四	六十四	第四十二章 （之一）
天下莫柔□□□□ □坚强者莫之能□ 也以亓无口易□□ □□□□□胜强天 □□□□□□□□行 也故圣人之言云曰 受邦之訽是胃社稷 之主受邦之不祥是 胃天下之王	天下莫柔弱于水□ □□□□□□□□ 以亓无以易之也水 之朕刚也弱之朕强 也天下莫弗知也而 □□□□也是故耵 人之言云曰受国之 訽是胃社稷之主受 国之不祥是胃天下 之王	天下莫柔弱于水而 攻坚强者莫之能先 也以其无以易之也 故水之胜刚柔之胜 强天下莫弗知而莫 能居莫能行故圣人 之言云受国之垢是 谓社稷之主受国之 不祥是谓天下之王
六十五	六十五	第四十二章 （之二）
□□若反	正言若反	正言若反也

六十六	六十六	第四十二章（之三）
和大怨必有余怨焉可以为善是以圣右介而不以责于人故有德司介□德司勶夫天道无亲恒与善人	禾大□□□□□□□为善是以耵人执左芥而不以责于人故又德司芥无德司勶□□□□□□□德三千卅一	和大怨必有余怨安可以为善是以圣人执左契而不以责于人故有德司契无德司彻天道无亲恒与善人

四十六	四十六	第四十三章
●小邦寡民使十百人之器毋用使民重死而远送有车周无所乘之有甲兵无所陈□□□□□□用之甘亓食美亓服乐亓俗安亓居乡邦相望鸡狗之声相闻民□□□□□□	小国寡民使有十百人器而勿用使民重死而远徙又周车无所乘之有甲兵无所陈之使民复结绳而用之甘亓食美亓服乐亓俗安亓居叟相望鸡犬之□□闻民至老死不相往来	●小国寡民使有十百人之器而勿用使民重死而远徙有车舟无所乘之有甲兵无所陈之使民复结绳而用之甘其食美其服乐其俗安其居邻国相望鸡狗之音相闻民至老而死不相往来

四十七	四十七	第四十四章
		（之一）
□□□□□□不□	信言不美美言不信	信言不美美言不信
□者不博□者不知	知者不博博者不知	智〔知〕者不博博
善□□□者不善	善者不多多者不善	者不智〔知〕善者
		不辩辩者不善

四十八	四十八	第四十四章
		（之二）
●圣人无□□以为	耵人无积既以为人	圣人无积既以为人
□□□□□□□□	己俞有既以予人矣	己愈有既以予人己
□□□□□□□□	己俞多故天之道利	愈多天之道利而不
□□□□□□□□	而不害人之道为而	害〔圣〕人之道为
□□	弗争	而弗争也

●凡二千九百冊二

【帛书老子甲本】	【帛书老子乙本】	【西汉竹书老子】
下经	下经	下经
六十七	六十七	第四十五章
●道可道也非恒道也名可名也非恒名也无名万物之始也有名万物之母也□恒无欲也以观其眇恒有欲也以观其所噭两者同出异名同胃玄之有玄众眇之□	道可道也□□□□□□□□□恒名也无名万物之始也有名万物之母也故恒无欲也□□□□恒又欲也以观亓所噭两者同出异名同胃玄之又玄众眇之门	道可道非恒道也名可命非恒名也无名万物之始也有名万物之母也故恒无欲以观其妙恒有欲以观其所徼此两者同出异名同谓玄之又玄之众妙之门
六十八	六十八	第四十六章〔之一〕
天下皆知美为美恶已皆知善訾不善矣	天下皆知美之为美亚已皆知善斯不善矣	天下皆知美之为美恶已皆知善〔之为善〕斯不善已

六十九	六十九	第四十六章
		（之二）
Ｖ有无之相生也难	□□□□生也难易	〔故〕有无之相生难
易之相成也长短之	之相成也长短之相	易之相成长短之相形
相刑也高下之相盈	刑也高下之相盈也	高下之相倾音声
也意声之相和也先	音声之相和也先后	之相和先后之相随
后之相隋恒也	之相隋恒也	〔恒也〕

七十	七十	第四十六章
		（之三）
是以声人居无为之	是以耵人居无为之	是以圣人居无为之
事行□□□□□	事行不言之教万物	事行不言之教万物
□□□□也为而弗	昔而弗始为而弗侍	作而弗始为而弗持
志也成功而弗居也	也成功而弗居也夫	成功而弗居夫惟弗
夫唯居是以弗去	唯弗居是以弗去	居是以弗去

七十一	七十一	第四十七章
不上贤□□□□	不上贤使民不争不	不上贤使民不争不
□□□□□民不	贵难得之货使民不	贵难得之货使民不
为□不□□□□民	为盗不见可欲使民	为盗不见可欲使心
不仳是以声人之□	不仳是以耵人之治	不乱是以圣人之治
□□□□□□□	也虚亓心实亓腹弱	也虚其心实其腹弱
□□强其骨恒使民	亓志强亓骨恒使民	其志强其骨恒使民

无知无欲也使□□	无知无欲也使夫知	无知无欲使夫智
□□□□□□□	不敢弗为而已则无	〔者〕不敢弗为则
□□□	不治矣	无不治矣

七十二	七十二	第四十八章

□□□□□□□盈	道冲而用之有弗盈	道冲而用之又弗盈
也潚呵始万物之宗	也渊呵佁万物之宗	渊兮始万物之宗挫
锉亓锐解其纷其	锉亓兑解亓芬和其	其锐解其纷和其光
光□□□□□或存	光同亓尘湛呵佁或	同其尘湛兮始域存
吾不知□子也象帝	存吾不知亓谁之子	吾不知其谁子象帝
之先	也象帝之先	之先

七十三	七十三	第四十九章
		（之一）

Ｖ天地不仁以万物	天地不仁以万物为	天地不仁以万物为
为刍狗声人不仁以	刍狗耵人不仁□百	刍狗圣人不仁以百
百省□□狗	姓为刍狗	姓为刍狗

七十四	七十四	第四十九章
		（之二）

天地□间□犹橐籥	天地之间亓猷橐籥	天地之间其犹橐籥
舆虚而不渥蹱而俞	舆虚而不渥蹱而俞	乎虚而不屈动而俞
出多闻数穷不若守	出多闻数穷不若守	出多言数穷不若守
于中	于中	于中

大家读老子

七十五	七十五	第五十章
		（之一）
浴神□死是胃玄牝	浴神不死是胃玄牝	谷〔浴〕神不死是
玄牝之门是胃□地	玄牝之门是胃天地	谓玄牝玄牝之门是
之根绵绵呵若存用	之根绵绵呵亓若存	谓天地之根绵绵乎
之不堇	用之不堇	若存用之不勤

七十六	七十六	第五十章
		（之二）
天长地久天地之所	天长地久天地之所	天长地久天地之所
以能□且久者以其	以能长且久者以亓	以能长且久者以其
不自生也故能长生	不自生也故能长生	不自生也故能长生
是以声人芮其身而	是以耶人退亓身而	是以圣人后其身而
身先外其身而身存	身先外亓身而身存	身先外其身而身存
不以其无□與故能	不以亓无私與故能	不以其无私乎故能
成其□	成其私	成其私

七十七	七十七	第五十一章
上善治水水善利万	上善如水水善利万	上善如水水善利万
物而有静居众之所	物而有争居众人之	物而有静〔居〕众
恶故几于道矣居善	所亚故几于道矣居	人之所恶故几于道
地心善潚予善信正	善地心善渊予善天	矣居善地心善渊予
善治事善能㣫善时	言善信正善治事善	善天言善信正善治

夫唯不静故无尤	能动善时夫唯不争 故无尤	事善能动善时夫惟 不争故无尤

<table>
<tr><td>七十八</td><td>七十八</td><td>第五十二章</td></tr>
</table>

植而盈之不□□□ □□□之□之□可 长葆之金玉盈室莫 之守也贵富而骄自 遗咎也功述身芮天 □□□	植而盈之不若亓已 揣而允之不可长葆 也金玉□室莫之能 守也贵富而骄自遗 咎也功遂身退天之 道也	持而盈之不如其已 揣而锐之不可长保 金玉盈室莫能守富 贵而骄自遗咎功遂 身退天之道也

<table>
<tr><td>七十九</td><td>七十九</td><td>第五十三章</td></tr>
</table>

□□□□□□□□ □□□□□能婴儿 乎脩除玄蓝能毋疵 乎爱□□□□□□ □□□□□□□□ □□□□□□□□ □□□生之畜之生 而弗□□□□□□ □□德	戴营袙抱一能毋离 乎抟气至柔能婴儿 乎脩除玄监能有 疵乎爱民栝国能毋 以知乎天门启阖能 为雌乎明白四达能 毋以知乎生之畜之 生而弗有长而弗宰 也是胃玄德	戴营魄抱一能毋离 乎抟气致柔能婴儿 乎修除玄鉴能毋有 疵乎爱民活〔治〕 国能毋以智乎天门 启闭能为雌乎明白 四达能毋以智乎故 生之畜之生而弗有 为而弗宰是谓玄德

大家读老子

八十	八十	第五十四章
卅□□□□其无 □□之用□然埴为 器当其无有埴器口 □□□□□当其无 有□之用也故有之 以为利无之以为用	卅福同一毂当亓无 有车之用也燃埴而 为器当亓无有埴器 之用也凿户牖当亓 无有室之用也故有 之以为利无之以为 用	卅辐同一毂当其无 有车之用也挺〔埏〕 埴器当其无有埴器 之用也凿户牖当其 无有室之用也故有 之以为利无之以为 用
八十一	八十一	第五十五章
五色使人目明驰骋 田腊使人□□□难 得之[货]使人之行方 五味使人之口[爽]五 音使人之耳聋是以 声人之治也为腹不 □□故去罢耳此	五色使人目盲驰骋 田腊使人心发狂难 得之货〇使人之行 仿五味使人之口爽 五音使人之耳□是 以耵人之治也为腹 而不为目故去彼而 取此	五色令人目盲驰骋 田猎令人心发狂难 得之货令人行妨五 味令人之口爽五音 令人之耳聋是以圣 人〔之治也〕为腹 不为目故去彼取此
八十二	八十二	第五十六章
龙辱若惊贵大梡若	弄辱若惊贵大患若	宠辱若驚〔惊〕贵

身苟胃龙辱若惊龙
之为下得之若惊失
□若惊是胃龙辱若
惊何胃贵大梡若身
吾所以有大梡者为
吾有身也及吾无身
有何梡故贵为身于
为天下若可以迏天
下矣爱以身为天下
女可以寄天下

身何胃弄辱若惊弄
之为下也得之若惊
失之若惊是胃弄辱
若惊何胃贵大患若
身吾所以有大患者
为吾有身也及吾无
身有何患故贵为身
于为天下若可以橐
天下□爱以身为天
下女可以寄天下矣

大患若身何谓宠辱
〔若惊〕宠为下是
谓宠辱〔若惊〕得
之若惊失之若惊是
谓宠辱若惊何谓贵
大患若身吾所以有
大患者为吾有身及
吾无身吾有何患故
贵以身为天下若可
以托天下爱以身为
天下若可以寄天下

八十三　　　八十三　　　第五十七章

V视之而弗见名之
曰䁝听之而弗闻名
之曰希捪之而弗得
名之曰夷三者不可
至计故圉□□□一
者其上不皦其下不
惚寻寻呵不可名也
复归于无物是胃无
状之状无物之□□
□□□□□□□□

视之而弗见□之曰
微听之而弗闻命之
曰希◊捪之而弗得
命之曰夷三者不可
至计故绲而为一一
者亓上不謬亓下不
惚寻寻呵不可命也
复归于无物是谓无
状之状无物之象是
胃沕望隋而不见亓

视而弗见命之曰夷
听而弗闻命之曰希
搏而弗得命之曰微
三也不可致计故混
而为一三也其上不
皦其下不忽台台微
微不可命复归于无
物是谓无状之状无
物之象是谓惚恍随
而不见其后迎而不

□□而不见其首执 今之道以御今之有 以知古始是胃□□	后迎而不见亓首执 今之道以御今之有 以知古始是胃道纪	见其首执古之道以 御今之有以知古 始是谓道纪

八十四　　　　　　八十四　　　　　　第五十八章

□□□□□□□ □□深不可志夫唯 不可志故强为之容 曰与呵其若冬□□ □□□□畏四□□ 呵其若客涣呵其若 凌泽□呵其若楃涿 □□□□□□□若 浴浊而情之徐清女 以重之余生葆此道 不欲盈夫唯不欲□ □以能□□□成	古之□为道者微眇 玄达深不可志夫唯 不可志故强为之容 曰与呵亓若冬涉水 猷呵亓若畏四罜严 呵亓若客涣呵亓若 凌泽沌呵亓若朴涿 呵亓若浊蒝呵亓若 浴浊而静之徐清女 以重之徐生葆此道 □□欲盈是以能蔽 而不成	古之为士者微妙玄 达深不可识夫唯不 可识故强为之容曰 就〔蹴〕乎其如冬 涉水犹乎其如畏四 邻俨乎其如客涣乎 其如冰之释敦乎其 如朴沌乎其如浊旷 乎其如谷孰能浊以 静之徐清孰能安以 动之徐生抱此道者 不欲盈夫惟不盈是 以能敝不成

八十五　　　　　　八十五　　　　　　第五十九章

至虚极也守情表也 万物旁作吾以观其	至虚极也守静督也 万物旁作吾以观亓	致虚极积正笃万物 竝作吾以观其复天

复也天物云云各复	复也天物耘耘各复	物芸芸各复归其根
归于其□□□情是	归于亓根曰静静是	曰静静曰复命复命
胃复复命常明也	胃复命复命常也知	常也知常明也不知
不知常吂吂作凶常	常明也不知常芒芒	常妄作凶知常容
容容乃公公乃王王	作凶知常容容乃公	容乃公公乃王王乃
乃天天乃道□□□	公乃王□□天天乃	天天乃道道乃久没
氵勾身不㤅	道道乃没身不殆	而不殆

八十六	八十六	第六十章 （之一）
大上下知有之其次	大上下知又□亓□	太上下智佑之其即
亲誉之其次畏之其	亲誉之亓次畏之亓	亲誉之其即畏之其
下母之信不案有	下母之信不足安有	即侮之信不足安有
不信□□其贵言也	不信猷呵亓贵言也	不信犹乎其贵言也
成功遂事而百省胃	成功遂事而百姓胃	成事述功而百姓曰
我自然故大道废案	我自然故大道废安	我自然也故大道废
有仁义知快出案有	有仁义知慧出安有	安有仁义智快出安
大伪六亲不和案有	□□六亲不和安又	有大伪六亲不和有
畜兹邦家阁乱安有	孝兹国家阁仇安有	孝慈国家昏乱有正
贞臣	贞臣	臣

八十七	八十七	第六十章 （之二）
绝声弃知民利百	绝耴弃知而民利百	绝圣弃智民利百倍

大家读老子

负绝仁弃义民复 畜兹绝巧弃利盗 贼无有此三言也 以为文未足故令 之有所属见素抱 □□□□□	倍绝仁弃义而民复 孝兹绝巧弃利盗贼 无有此三言也以为 文未足故令之有所 属见素抱朴少□而 寡欲	绝仁弃义民复孝慈 绝巧弃利盗贼无有 此参〔三〕言以为 文未足故令之有所 属见素抱朴少私寡 欲
八十八	八十八	第六十一章 （之一）
□□□□	绝学无忧	绝学无忧
八十九	八十九	第六十一章 （之二）
·唯与诃其相去几 何美与恶其相去何 若人之□□亦不□ □□□□□□□□ □	唯与呵亓相去几何 美与亚亓相去何若 人之所畏亦不可以 不畏人望呵亓未央 才	唯与何〔诃〕其相 去几何美与恶其相 去何若人之所畏不 可以不畏人芒〔荒〕 乎未央哉
九十	九十	第六十一章 （之三）
众人熙熙若乡于大 牢而春登台我泊焉 未佻若□□□□累	众人熙熙若乡于大 牢而春登台我博焉 未挑若婴儿未咳累	众人熙熙若享大牢 而春登台我泊兮未 兆若婴儿之未咳累

呵如□□□□皆
有余我独遗我禺人
之也壹壹呵鬻□
□□□□官呵鬻
人蔡蔡我独□□呵
忽呵其若□璧呵亓
若无所止□□□□
□□□□以惺吾欲
独异于人而贵食

呵佁无所归众人皆
又余我愚人之心也
湷湷呵鬻人昭昭我
独若□呵鬻人察察
我独闽闽呵沕亓
若海望呵若无所止
众人皆有以我独门
元以鄙吾欲独异于
人而贵食母

兮似无所归众人皆
有余而我独匮我愚
人之心也沌沌乎俗
人昭昭我独若昏俗
人察察我独昏昏忽
兮其如晦恍兮其无
所止众人皆有以而
我独顽以鄙我欲独
异于人而唯贵食母

九十一

九十一

第六十二章

∧孔德之容唯道是
从道之物唯□唯物
□□□呵中有象呵
堕呵物呵中有物呵
沕呵鸣呵中有请吧
其请甚真其中□□
自今及古其名不去
以顺众佻吾何以知
众佻之然以此

孔德之容唯道是从
道之物唯望唯沕
呵望呵中又象呵望
呵沕呵中有物呵幼
呵冥呵亓中有请呵
亓请甚真亓中有信
自今及古其名不去
以顺众父吾何以知
众父之然也以此

孔德之容唯道是从
道之物恍唯惚惚
兮恍兮其中有象兮
恍兮没惚兮中有物
兮幽兮冥兮其中有
情兮其情甚真其中
有信自今及古其名
不去以悦众父吾何
以知众父之然哉以
此

大家读老子

九十三	九十三	第六十三章
Ｖ曲则金枉则定洼 则盈敝则新少则得 多则惑是以声人执 一以为天下牧不□ 视故明不见故章 不自伐故有功弗矜 故能长夫唯不争故 莫能与之争古□□ □□□□语才诚 金归之	曲则全汪则正洼则 盈撆则新少则得多 则惑是以耶人执一 以为天下牧不自视 故章不自见也故明 不自伐故有功弗矜 故能长夫唯不争故 莫能与之争古之所 胃曲全者几语才诚 全归之	曲则全枉则正洼则 盈敝则新少则得多 则惑是以圣人执一 以为天下牧不自见 故明不自是故彰不 自伐故有功弗矜故 〔能〕长夫唯无争 故天下莫能与之争 古之所谓曲〔则〕 全者几语邪〔岂虚 语哉〕诚全归之也

九十四	九十四	第六十四章 （之一）
希言自然	希言自然	希〔稀〕言自然

九十五	九十五	第六十四章 （之二）
飘风不冬朝暴雨不 冬日孰为此天地□ □□□□□于人乎	薊风不冬朝暴雨不 冬日孰为此天地而 弗能久有兄于人乎	〔故〕飘风不终朝暴 〔骤〕雨不终日孰为 此天地〔天地〕弗 能久而况于人乎

九十六	九十六	第六十四章
		（之三）
故从事而道者同于道德者同于德者同于失同于德□道亦德之同于□者道亦失之	故从事而道者同于道德者同于德失者同于失同于德者道亦德之同于失者道亦失之	故从事而道者同于道得者同于德失者同于失故同于道道亦得之同于失者道于失之〔信不足安有不信〕

九十二	九十二	第六十五章
Ｖ炊者不立自视不章□见者不明自伐者无功自矜者不长其在道曰𣸶食赘行物或恶之故有欲者□居	炊者不立自视者不章自见者不明自伐者无功自矜者不长亓在道也曰𣸶食赘行物或亚之故有欲者弗居	炊〔吹〕者不立自见者不明自是者不彰自伐者无功〔自〕矜者不长其在道也余食赘行物或恶之故有欲者弗居

九十七	九十七	第六十六章
有物昆成先天地生绣呵缪呵独立□□□可以为天地母吾未知其名字之曰道	有物昆成先天地生萧呵谬呵独立而不玹可以为天地母吾未知亓名也字之曰	有物混成先天地生寂寥〔绣穆〕独立而不垓遍行而不殆可以为天地母吾不

吾强为之名曰大□ 曰筮筮曰远□□□ □□□天地大王 亦大国中有四大而 王居一焉人法地□ 法□□法□□法□ □	道吾强为之名曰大 大曰筮筮曰远远曰 反道大天大地大王 亦大国中有四大而 王居一焉人法地地 法天天法道道法自 然	知其名字其曰道吾 强为之名曰大大曰 逝逝曰远远曰反天 大地大道大王亦大 域中有四大而王居 一焉人瀯〔法〕地 地法天天法道道法 自然
九十八	九十八	第六十七章
□为圣根清为趮君 是以君子众日行不 离其甾重唯有环官 燕处□□若若何万 乘之王而以身圣于 天下圣则失本趮则 失君	重为轻根静为趮君 是以君子冬日行不 远亓甾重虽有环官 燕处则昭若若何万 乘之王而以身轻于 天下轻则失本趮则 失君	重为轻根静为躁君 是以圣人终日行而 不远其辎重唯有荣 官宴处超若奈何万 乘之王而以身轻于 天下轻则失本趮 〔躁〕则失君
九十九	九十九	第六十八章
善行者无繁迹□言 者无瑕适善数者不 以梼筹善闭者无圃	善行者无达迹善言 者无瑕适善数者不 用梼䇲善○闭者无	善行者无辙迹善言 者无瑕谪善数者不 用筹笇〔策〕善闭

者无关键不可启善
结者无缫约不可解
故圣人恒善救人而
无弃人物无弃财
〔材〕是谓□曳明
善人善人之师也不
善人善人之资也不
贵其师不爱其资唯
〔虽〕智必大迷此
谓妙要

关龠而不可启也善
结者无缳约而不可
解也是以耵人恒善
佅人而无弃人物无
弃财是胃曳明故善
人善人之师不善人
善人之资也不贵亓
师不爱亓资虽知乎
大迷是胃眇要

龠而不可启也善结
者□□约而不可解
也是以声人恒善恁
人而无弃人物无弃
财是胃恮明故善□
□□之师不善人善
人之賫也不贵其师
不爱其賫唯知乎大
眯是胃眇要

第六十九章　　　一百　　　一百

知其雄守其雌为天
下溪为天下溪恒德
不离复归〔于〕婴
儿知其白守其嶨为
天下谷为天下谷恒
德乃足复归于朴知
其白守其黑为天下
式为天下式恒德
忒复归于无极朴散
则为成器圣人用则
为官长大制无割

知亓雄守亓雌为天
下鸡为天下鸡恒德
不离恒德不离复□
□□□亓白守亓
辱为天下□浴为天
下浴恒德乃足恒德
乃足复归于朴知亓
白守亓黑为天下式
为天下式恒德不贷
恒德不贷复归于无
极朴散则为器耵人

知其雄守其雌为天
下溪为天下溪恒德
不鸡恒德不鸡复归
婴儿知其白守其辱
为天下浴为天下□
恒德乃□德乃□□
□□□知其其黑
为天下式为天下式
恒德不□德不□复
归于无极㮤散□□
□□人用则为官长

244

大家读老子

夫大制无割

用则为官长夫大制
无割

| 一百零一 | 一百零一 | 第七十章 |
| | | (之一) |

将欲取天下而为之
吾见其弗□□□
□器也非可为者也
为者败之执者失之

将欲取□□□□
□□□□得已夫天
下神器也非可为者
也为者败之执之
者失之0

将欲取天下而为之
吾见其不得已天下
神器非可为为之者
败之执之者失之

| 一百零二 | 一百零二 | 第七十章 |
| | | (之二) |

物或行或随或炅或
□□□□或坏或
擂是以声人去甚去
大去楮

物或行或隋或热或
硅或陪或堕是以圣
人去甚去大去诸

或行或随或嘘或吹
或强或挫或培或堕
是以圣人去甚去奢
去泰

| 一百零三 | 一百零三 | 第七十一章 |

以道佐人主不以兵
强口天下□□□
□□所居荆朸生之
善者果而已矣毋以

以道佐人主不以兵
强于天下亓□□□
□□□□棘生之
善者果而已矣毋以

以道佐人主不以兵
强于天下其事好还
师之所居楚棘生之
善者果而已不以取

<table>
</table>

取强焉果而毋骄果
而勿矜果而□□果
而毋得已居是胃□
而不强物壮而老是
胃之不道不道蚤已

取强焉果而毋骄果
而勿矜果□□伐果
而毋得已居是胃果
而强物壮而老胃之
不道蚤已

强故果而毋矜果而,
勿骄果而勿伐果而
毋不得已物壮则老
谓之不道不道
矣

一百零四　　　　　一百零四　　　　　第七十二章

夫兵者不祥之器□
物或恶之故有欲者
弗居君子居则贵左
用兵则贵右故兵者
非君子之器也□□
不祥之器也不得已
而用之铦袭为上勿
美也若美之是乐杀
人也夫乐杀人不可
以得志于天下矣是
以吉事上左丧事上
右是以便将军居左
上将军右言以丧
礼居之也杀人众以
悲依立之战胜以丧
礼处之

夫兵者不祥之器也
物或亚□□□□□
□□□子居则贵左
用兵则贵右故兵者
非君子之器兵者不
祥□器也不得已而
用之铦𢦏为上勿美
也若美之是乐杀人
也夫乐杀不可以
得志于天下矣是以
吉事□□□□□□
是以偏将军居左而
上将军居右言以丧
礼居之也杀□□□
□□立□□朕而以
丧礼处之

夫佳美不祥之器也
物或恶之故有欲者
弗居也是以君子居
则贵左用兵则贵右
兵者非君子之器也
不祥之器也不得已
而用之恬袭为上勿
美若美之是乐之乐
之是乐杀人不可以
得志于天下是以吉
事上左丧事尚右偏
将军居左上将军居
右言以丧礼居之杀
人众则以悲哀莅之
战胜以丧礼居之

大家读老子

一百零五	一百零五	第七十三章
		（之一）
道恒无名榎唯□□	道恒无名朴唯小而	道恒无名朴虽小
□□□□□王若	天下弗敢臣侯王若	〔微〕天下〔地〕
能守之万物将自宾	能守之万物将自宾	弗敢臣侯王若能守
		之万物将自宾

一百零六	一百零六	第七十三章
		（之二）
天地相□以俞甘洛	天地相合以俞甘洛	天地相合以俞甘露
民莫之□□□焉	□□□令而自均焉	民莫之令而自均安
始制有□□□□有	始制有名名亦既有	始正有名名亦既有
夫□□□□□所	夫亦将知止知止所	夫亦将知止知止所
以不□俾道之在□	以不殆卑□□在天	以不殆譬道之在天
□□□□浴之与江	下也猷小浴之与江	下犹川谷与江海
海也	海也	

一百零七	一百零七	第七十三章
		（之三）
知人者知也自知□	知人者知也自知明	故智〔知〕人者智
□□□□者有力也	也朕人者有力也自	自知者明胜人者有
自胜者□□□□□	朕者强也知足者富	力自胜者强知足者
□也强行者有志也	也强行者有志也不	富强行者有志不失
不失其所者久也死	失元所者久也死而	其所者久死而不亡
不忘者寿也	不忘者寿也	者寿

一百零八	一百零八	第七十四章
道□□□□□□□□遂事而弗名有也万物归焉而弗为主则恒无欲也可名于小万物归焉□□为主可名于大是□声人之能成大也以其不为大也故能成大	道氾呵亓可左右也成功遂□□弗名有也万物归焉而弗为主则恒无欲也可名于小万物归焉而弗为主可命于大是以𣄴人之能成大也以亓不为大也故能成大	道泛〔渮〕兮其可左右万物作而生弗辞成功而弗名有爱利万物而弗为主故恒无欲矣可名于小万物归焉而弗为主可名于大是以圣人能成大也以其不为大故能成大

一百零九	一百零九	第七十五章〔之一〕
执大象□□往往而不害安平大	执大象天下往往而不害安平大	𡘋〔势〕大象天下往往而不害安平大

一百一十	一百一十	第七十五章〔之二〕
乐与饵过格止故道之出言也曰谈呵其无味□□不足见也听之不足闻也用之不可既也	乐与□过格止故道之出言也曰淡呵亓无味也视之不足见也听之不足闻也用之不可既也	乐与饵过客止〔古〕道之出言曰淡兮其无味视之不足见听之不足闻用之不可既也

一百一十一	一百一十一	第七十六章
将欲拾之必古张之 将欲弱之□□强之 将欲去之必古与之 将欲夺之必古予之 是胃微明柔弱胜强 鱼不脱于渊邦之利 器不可以视人	将欲擒之必古张之 将欲弱之必古○强 之将欲去之必古与 之将欲夺之必古予 □是胃微明柔弱朕 强鱼不可说于渊国 之利器不可以示人	将欲欲〔翕〕之必 古〔固〕张之将欲 弱之必固强之将欲 废之必固举之将欲 夺之必固予之是谓 微明柔弱胜强鱼不 可脱于渊国之利器 不可以示人
一百一十二	一百一十二	第七十七章
●道恒无名侯王若 守之万物将自愙愙 而欲□□□□□ □之以无名之樸无 名之樸夫将不辱不 辱以情天地将自正	道恒无名侯王若能 守之万物将白化化 而欲作吾将闐之以 无名之樸闐之以无 名之樸夫将不辱不 辱以静天地将自正	道恒无为侯王若能 守之万物将自化化 而欲作吾将镇之以 无名之樸无名之樸 夫亦将不辱不辱以 静天下将自正

需要推翻唐玄宗钦定《老子》的错案
——帝王、帝王文化与《老子》

《老子》究竟是对谁的进言？汉文帝早已用自己的言行作了最生动的诠释。《老子》是班固的《汉书·艺文志》所说的"君人南面术"，即一种政治哲学。东汉时期，对《老子》的认识渐渐向人生哲学方面转。到了唐玄宗，虽然他也承认《老子》中的南面术成分，但他却又把《老子》改造为一种人生哲学了。最早提示这一点的是西北大学宗教学专业教授李利安先生，他的根据是唐玄宗撰写并颁发全国敕令全民诵读的《通微道诀》，以致使"君人南面术"变成了一种"民众生活准则和安身立命的精神依托"（李利安先生语）。真要翻唐玄宗制造的这桩错案，绝非某个学者的几篇文章可以解决的问题。它需要一系列文章，有时难免有些重复的文章，才能讲清楚，说明白；同时需要一种合力——论争、辩驳而后形成的舆论认同，否则很难推翻这桩历经千多年的错案、大案。

拙文《简帛对今本〈老子〉的颠覆不能熟视无睹——揭穿唐玄宗对〈老子〉的瞒和骗》，《弘道》欣然将其发表在2012年第一期（总第50期）上。2012年4月14日至18日，"全真道与老庄学术讨论会"在武汉召开，我在一个小组会上发言，提出唐玄宗对政治道德《老子》的瞒和骗必须推翻，对上述文章作了简短介绍。当我说：唐玄宗这桩钦定错案该不该翻、能不能翻时，话未说完，当即有两位教授声色俱厉地说："不能翻！"他俩反应之快，之坚决，大出我之所料。看来由无名之辈提出翻唐玄宗的案，可谓不知天高地厚，遭到坚决反对并不奇怪。后来一想，"不能翻"的主张，虽然未免武断，但又确实有"不能全翻"的道理与必要，比如关系到道教经典《老子》，就"不能翻"，得按照宗教政策办事。由于唐玄宗制造的这桩《老子》错案，迄今已近一千三百年了，从来没有人提过，真要翻这桩错案，还得再下大功夫。于是我翻出旧作重写一遍，不仅作了许多修改，也作了许多补充和调整。具体说明哪些该翻，哪些不能翻，怎么翻，呼吁海内外关心《老子》的学人们，务必要关注这件攸关《老子》真伪的大事，彻底推翻唐玄宗钦定的错案，如此：

第一，恢复原汁原味原生态的《老子》，《老子》幸矣！

第二，推翻唐玄宗制造的《老子》错案，先秦诸子之学幸矣！

第三，使中国古代最早、最系统简洁，也是世界最早的政治道德理论著作、最为深刻的政治家圣典，大白于天下，幸莫大焉！

中国古代帝王们口含天宪，一言九鼎。哪个胆大包天，敢说半个不字？所幸还有《老子》的政治道德说教，劝导侯王与百官尊道贵德，少私寡欲，勿求名取辱。哪能连这点可怜的说教，也要转移给芸芸众生呢？唐玄宗对《老子》的扭曲、改造、转移，必须彻底推翻。

下面，我再次分别陈述推翻唐玄宗《老子》错案的历史根据，唐玄宗对《老子》多方面的改造，以及我的推翻与否定方案。

一、推翻错案的最好历史根据——汉文帝用自己的言行注释《老子》

汉文帝没有解注《老子》，但是他的言行却是《老子》最正确、最形象、最生动的诠释。

汉文帝生于汉高祖三年（前204），成长于天下刚脱离战国战乱及秦的多欲政治苦海之际。秦亡与战乱带来目不忍睹的惨状，仍历历在目。"君臣俱欲无为，天下晏然"，所以汉文帝对于黄老之学尤其是《老子》体会至深，不敢忘谦卑，亦不敢忘节俭，视民如伤。这就是汉文帝能以自己的言行为《老子》作注的历史大背景。

公元前179年，文帝初即位，向西面辞让三次，向南面辞让两次，四次称"寡人不佞""寡人不敢当"。如果只认为它是种礼让形式、含有作秀成分，那是不够的。他不仅"自称"而且"自名"为"寡德之人"，它的确体现了《老子》"谦谦"之教。而在即位当年，他做的第一件善事就是废除"犯法已论，而使毋罪之父母妻子同产坐之，及为收帑"的连坐法，应该说，这是大快人心的事。

就在这一年十一月，接连发生了两次日食（一说月食）。文帝认为这是"人主不德，布政不均，则天示之以灾，以诫不治"。他深知"天下治乱，在朕一人"，所以引发了他的"自我批评"："下不能理育群生，上以累三光之明，其不德大矣。"他决定：一是让大家都来想想我有哪些"过失，及知见思之所不及"，原原本本告诉我；二是推举"贤良方正能直言极谏者"，以匡正我的错误；三是务必减轻徭役和费用，以便民众；四是虽然不能"罢边屯戍"，但缩减某些军队，将多余的马匹装备拿给驿站。虽然日食不是他所能左右的事，汉文帝却把所有的责任全揽到自己身上。可谓将《老子》提倡的谦下以及"受邦之诟，是谓社稷主；受邦之不祥，是谓天下王"做到了极致，完全体现了老子的"上德不德是以有德"。

第二年（前178），汉文帝又做了两件大事，第一件，他说：农是国家的根本，举行藉田典礼，我亲自领导耕种，以供给宗庙祭祀。同时决定"赐天下民今年田租之半"。第二件，废除诽谤妖言罪的法律。他的根据是"古之治天下，朝有进善之旌（设有进善言之旌），诽谤之木（下非上之木柱），所以通治道而来谏者"，而诽谤妖言罪的恶果是"使众臣不敢尽情，而上无由闻过失也，将何以来远方之贤良"，所以不仅这个"诽谤妖言罪"的钳口律要废除，同时对于百姓诅咒君上，后又互相揭发，官吏以为大逆不道，或者有以下非上言论的，从此以后听由他去，不要治罪（"民或祝诅上以相约结而后相谩，吏以为大逆；其有他言，而吏又以诽谤……自今以来，有犯此者勿听治"）。也就是要彻底开放言禁，彻底废除秦以来以腹诽、巷议治罪的苛政。比起秦始皇时的焚书坑儒，这可以说是划时代的大事，意义非同小可。

文帝十三年（前167），又有三件事彪炳史册。其一是废除"祝"之官、之制。这种官制的任务就是专门"移过于下，国家讳之"。文帝说："盖闻天道，祸自怨起，而福由德兴。百官之非，宜由朕躬"，哪能嫁祸于下、于人呢？岂不彰显我的"不德"吗？其二是这年的五月，太仓令淳于公有罪当受刑罚，逮捕关押在长安。他有五个女儿，而无儿子，当他被捕之时，埋怨生女不生男，骂他的女儿们不管用。他的小女儿缇萦听了很伤心，随父到了长安，上书曰："妾父为吏，齐中称其廉平，今坐法当刑。妾伤夫死者不可复生，刑者不可复属，虽复欲改过自新，其道无由也，妾愿入身为官婢，以赎父罪，使得自新。"书达汉文帝，天子怜悲其意，下诏说：听说有虞时代，是用与常人有差异的衣服、冠巾等物饰来表示刑罚，民众知耻不犯法；现在却用断肢体、刻肌肤等各种各样的肉刑处罚罪犯，而犯罪却屡禁不止，"何其痛而不德也"！因而要"除肉刑"。在汉文帝时期，这个解除令是算数的，生效的。总的来说，文帝时"断狱数百"，几至于无（《汉书·文帝纪》）。"秦断狱岁以千万计"，怎能与之相比呢？不过，这也没有妨碍文帝对个别案例曾施"夷三族"之刑。其三，不再像以前两次"减田租之半"，而是"除田之租税"，并且在这之前，文帝两次下诏，重申"农，天下之本，务莫大焉"，"道民之路，在于务本"。在中国古代，这也是极为罕见的事。

十四年春（前166），文帝又有一番话：我主持祭品以侍奉上帝和宗庙以来，已经十四年了。以不敏不明之身而长久抚临天下，甚感自愧。"昔先王远施不求其报，望祀不祈其福"，听说祠官向神祈福，皆归福于我，而不为百姓祈福，我很感惭愧。以我这不德的人，躬享独美之福，百姓不在其内，是加重我的不德呀！不要这样祈福吧。又过了两年，因为匈奴为害边境，杀了许多官吏和民众，民不安生，文帝又再次责备自己"不明""不能远德""德薄""不德"，并采取了相应的对策。

公元前158年，天旱且遇蝗灾。为此，文帝令诸侯不要入贡，废弛山林川泽的禁令以利百姓，减少自己的"服御狗马"，裁减吏员，散发仓库之存粮以赈贫民。

文帝即位二十三年以来，"宫室、苑囿、狗马、服御，无所增益，有不便，辄弛以利民"。他经常穿粗糙的织物，命令宠幸的慎夫人衣服不得拖至地面，用的帏帐不得文绣，以示敦朴，为天下先。更重要的是：文帝"不治坟，欲为省，毋烦民"，所修陵墓"皆以瓦器，不得以金银铜锡为饰"，这些与秦始皇动用七十万民力修骊山，穷奢极欲的装饰相比，可谓天上地下。这种种无为、无欲、无事（不生事扰民）、以德化民的结果是："海内殷富，兴于礼义。"粮价由战国时的"石三十钱"，秦始皇的"米石千六百"，汉初的"石粮万钱"，至汉文帝时降至"石十余钱"，由此可以想见殷富的程度。

公元前157年，只活了四十七岁的文帝驾崩。文帝将死，其言也善。他的遗诏谴责"厚葬以破业，重服以伤生"，对如何薄葬，如何不要因为自己的死而伤害百姓的生活、生产方面，以及让宫中夫人以下七个等级的宫女回家再嫁的事，都一一作了具体部署，嘱托臣下千万别"重我不德"（这之前，他也将惠帝、吕后时的宫女放回家）。同时依然承认"朕既不德"，可谓死而不忘谦、不忘俭、不忘便民，不忘让宫人重过人间生活。

文帝对于匈奴的侵扰和对个别侯王的叛乱，以及重大的欺诈行为，并非"无为"。比如对匈奴，他就三次发兵征讨，甚至决定自己亲自领兵出击匈奴，"群臣谏，皆不听。皇太后固要（坚决阻止），帝乃止"。文帝十七年（前163），新垣平诈令人献"人主延寿"之玉杯，使文帝更改纪元，但后来发觉受了欺骗，于是新垣平被施以"夷三族"的重刑。但总体上，文帝对匈奴，对内乱，以怀柔为本。

可以说，汉文帝的一生，为《老子》中的许多重要思想，作了最出色、最生动的注解：

第一，"上德不德，是以有德"，从不以德自居、更不以德自大、自利、自骄；

第二，德的纯一、无私与一贯，汉景帝谓之"不私其利也"；

第三，时刻以"不德""薄德""不能远德"提醒自己。即老子所说的"自谓""自名"孤、寡、不毂；

第四，立于反弱，以愚自处，不自是、不自伐、不自见、不自矜。从史料中看不出文帝的固执己见，自以为是、自高自大、自我夸耀，而是以谦下为本；

第五，将"慈、俭、不敢为天下先"，而又敢为天下先，做得恰到好处；

第六，重农。文帝多次发表重农言论，可能与他读到的《老子》是楚简本《老子》中的"给人事天莫若穑"（富足人民侍奉上天，没有比务农更为重要的），而不是与今本《老子》的"治人事天莫若啬"有关；

第七，开放言禁，以百姓之心为心；

大家读老子

第八，除苛刑；

第九，力行老子的"我无为（无私为），我无欲（功名欲），我无事（不以一己私事扰民），我好静，而民自化、自正、自富、自朴"；

第十，承担国家一切不吉不祥的责任，反求诸己。

总之，《老子》"南面术"中关于谦柔、立于反弱等政治道德，约束王者权力的一系列说教，充分体现在汉文帝一生的言行中。不过，中国历史上又出现了几个类似汉文帝的帝王呢？罕见。中国的帝王文化中，有多少汉文帝的精神呢？很少。

二、为什么要推翻？因为唐玄宗对《老子》作了多方面的改造

唐玄宗是唐王朝的第六代帝王，他生长于太平盛世时代，距隋王朝的败亡已经过去快一百年，对于战乱与多欲祸害天下之苦他一点也没有领教过。隋亡的教训他自然知道，但对他来说印象更深的是宫闱政变。从其祖母武则天在"神龙政变"中丧失权柄起，至先天二年（712）玄宗即位，七年间，六次政变，五易皇位，帝后宫妃、公子王孙、将相大臣，多有惨死。他即位之后，任命姚崇为首相，即着手协调统治阶级内部关系，稳定政局，改变武后时期深刑苛法，以及唐太宗后期屡兴边功，滥用武力的弊端，让民休养生息。禁止外戚宦官干预政务，皇亲不任高官，近臣犯罪一概绳之以法，杜绝进献之风，停止大造寺观宫殿

劳民伤财的作为，甚至允许鼓励谏臣犯逆鳞，进嘉言。从而拉开了"开元之治"盛世的大幕。接着，唐玄宗将注意力转向意识形态方面。他开始为《孝经》作注，他的意图很明显，用意识形态上"孝"作为治理天下的一个重要手段。然后他又将目光转向《老子》。

唐代对老子的尊崇，始于唐太宗李世民，他自认自己是老子李耳之后。唐高宗乾封元年（666），帝亲往亳州老君庙拜祭，追号老子为"太上玄元皇帝"，678年下诏以《道德经》为上经。唐玄宗发现《老子》对于治国、安民、稳定统治阶级内部与被统治阶级很有用。所以他比唐太宗、高宗对《老子》更情有独钟。开元十年（722），玄宗诏曰："老子《道德经》宜令士庶家藏一本。"开元二十三年（735），玄宗亲自注疏《老子》后（名曰《御制道德真经疏》，二十卷，见《道藏》十三卷，第357页，文物出版社1988年版），群臣奏请"四海同文，一辞宁措"，唐玄宗"许之"。这一来，唐玄宗便开始了对《老子》多方面的改造：

第一大改造。是通过国家力量颠倒《老子》的结构布局，固化一些错误的文字。

开元十年（722），唐玄宗亲自为《老子》作注疏。《道藏》所载《唐玄宗道德真经疏外传》曰：

《道德》分上下者，开元二十一年颁上所分别上卷四九三十六章，法春夏秋冬；下卷五九四十五章，法金木水火土。

由此可见，对于《老子》道上德下的篇次与分章，唐玄宗不是根据《老子》的思路与古文献进行的，而是"法春夏秋冬"，"法金木水火土"，来安排《老子》的篇次和分章，如此改造，岂非妄为？！今本《老子》结构布局至今仍基本沿袭唐玄宗的妄举。

天宝元载（742）四月，唐玄宗专门下了《分道德为上下经诏》。诏曰：

> 化之原者曰道，道之用者为德，其义至大，非圣人孰能章之？昔有周季年，代与道丧，我烈祖玄元皇帝，乃发明妙本，汲引生灵，遂著元经五千言，用救时弊，义高象系，理贯希夷，非百代之能侔，岂六经之所拟？承前习业人等，以其卷数非多，列在小经之目，微言奥旨，称谓殊乖。自今已后，天下应举，除崇玄学士外，自余所试道德经宜并停，仍令有所司更详择一小经代之。其《道经》为上经，《德经》为下经，庶乎道尊德贵，是崇是奉。（《册府元龟·帝王部·尚黄老》或《全唐文》卷三十一）

此诏除了指出道为原、德为用及《道德经》在应举（试）中的地位外，还指出《道德经》的"称谓殊乖"，所谓"殊乖"，即《道德经》除了一种《道》上《德》下的本子外，还有另一种

《德》上《道》下的本子，并且古老的韩非所据本、严遵本、王弼本①等等，也是《德》上《道》下的篇次，唐玄宗认定为"称谓殊乖"，所以才引出他专门下了这一道《分道德经为上下经诏》，以统一《道德经》的篇次。1973年出土了帛书《老子》甲乙本，它证明了古本原貌确实是《德》上《道》下。虽然刘向编订本《老子》的篇章次序也可能是《道》上《德》下，但它只限于宫廷、国家藏书，在民间还不统一，各派各行其是，唐玄宗却用"圣旨"——最权威的国家力量，正式并彻底统一固定《道》上《德》下的篇次及某些错误分章，而且其"一辞宁措"，也固定了许多尚有问题的错误文字。这一举措，似乎小事一桩，其实不然，仅从颠倒篇次来说，它大大模糊了《老子》的结构布局，由浅入深的说教思路（从异常深奥的"道可道……入手），说教的重头部分（"德"的部分），更严重的是将《老子》的序言总结语完全掩盖了，因为先秦文献的序和总结语，往往置于书末，篇次颠倒，序言与总括的话就不见了，这是唐玄宗对《老子》最大的改造。如果唐玄宗不用"圣旨"统一篇次、分章以及《老子》

① 王弼注《老子》以《德经》为上的证明有很多，难以一一列举。其中有力证据是他对三十八章的注解特别长。一般说来，古时编注之书无序言，而序言放在首章之注之按语中。如司马光之《资治通鉴》，第一卷第一个"臣光曰"，长达四百余字。他因何如何编通鉴全在此注中。近人编著的东西也有类似现象。如《中国农村的社会主义高潮》一书，第一篇《书记动手，全党办社》的"编者按"，就长达千六百字，编著该书之目的就在这个按语中。王弼注《老子》，三十八章（即《德经》之首章）注长达千二百字，远远超过第一章之注，王弼对老子思想总的理解就在此注中。可见，王弼《老子道德经注》是以《德经》为上的。

大家读老子

的文字，让民间各行其是，那么《老子》恐怕不会遭到如此大的误解，对历史的影响会是别样的。

第二大改造是唐玄宗开始将《老子》进言对象由"侯王"一步步引向臣民，由"南面术"转向"人生哲学""生命智慧"。应当说，唐玄宗为《道德经》所作的注疏，不乏对南面术的真知灼见。比如对"反者道之动"，注曰："此明权也。反者，取其反经合义。反经合义者，是圣人之行权。行权者，是道之运动，故云反者道之动也。"对"弱者道之用"，注曰："此明实也。弱者，取其柔弱雌静者，是圣人之道常用，故云弱者道之用。"唐玄宗所谓的"圣人"即君王，显而易见，他不仅把它理解为君道，而且指明人君要立于反弱，守雌守柔。又如对五十二章的"塞其兑，闭其门，终身不勤"，注曰："爱悦也，目悦色，耳悦声，六根各有所悦，纵则生患，是故塞之不纵六根爱欲，则祸患之门闭。"自然"开其悦，济其事"，则是"开张六根，纵其欲，常有祸患，终身不救"。用高亨的话说，这是一种"圣人临民之术"。玄宗对《老子》的理解应该说超过许多今人。但是，作为御注御疏，难免有所讳，有所转移，有所替帝王增色。比如"上德不德"，玄宗注为"上古淳朴，德用不彰"，完全将上德推到"上古"，绝口不提当今之君上如何"上德不德"。又如老子倡导侯王要"自称""自名"孤、寡、不穀，即称呼和认识到自己的为政对于人民的无德、少德、不善。唐玄宗之注也说它"非尊荣之称""当须谦卑，守柔弱"，但这个称谓的含义究竟是什么，只好讳而不言了。这些是"有所讳"。又如《老子》的

"国中有四大，王居其一"，自然玄宗不能用"人居其一"来代替"王居其一"，而且注曰："王者人灵之主，万物系其兴亡"，不仅是人主，而且是"人灵"和万物之主，而且将政治领域的"国中有四大"，定格为"域中有四大"，其疆域由政治之"国"扩大到政治以外的天上地下的自然界："域。"这些就是站在维护帝王利益立场上的"有所增益"。由此扩大到天地。

这里需要再次弄清楚，《老子》究竟是对谁的进言？应该说，《老子》进说对象是"上"——"圣人""侯王""人主""天下王""社稷主"等为政者。《老子》五千言，"圣人"一词凡二十五见，"侯王""人主"指君上之"上"之类词句凡二十二见，只有圣人、圣君方敢当其称的"我""吾"，凡二十四见，再就是"为天下""托天下"等"天下"之词，凡六十三见。这四类词语共计三百一十余字，占全书百分之六。可见老子的进言对象及所进言的目的了。他关心"天下"大事，幻想侯王之治变成圣人之治。下面再来看古今第一流学者的高见。其一，《汉书·艺文志》说："道家者流，盖出于史官，历记成败存亡祸福古今之道，然后知秉要执本，清虚以自守，卑弱以自持，此君人南面术也。"后面的克己、能让、谦谦等，可以说完全是指《老子》之主张。这里班固一点也没有理会《庄子·天下篇》对于老聘学说的概括，因为《庄子》一书，根本没有南面术，而班固则是根据入世干主来评介《老子》的，并且它为历史实践所证实。其二，已故张舜徽教授说："自汉以上学者悉知'道德'二字为主术，为君道，是以凡习帝王之术者，则谓之修道德，或谓之习道论。"甚至说"周秦诸子以帝王术为中心"，

"道论二字,可说是道家理论的简称,它的具体内容便是君人南面术"(《周秦道论发微》,人民出版社,1982年版,第32页及第2页)。这话深刻而精彩。其三,李泽厚先生的说法稍有不同:"先秦各派哲学基本上都是社会论的政治哲学。道家老学亦然,《老子》把兵家的军事斗争上升为政治层次的'君人南面术',以为统治者的侯王'圣人'服务,这便是它的基础含义。"(《中国古代思想史论》,人民出版社,1985年版,第88页)可见,古今学界泰斗认定《老子》是史官总结历史经验教训,向侯王献上一套"南面术"的。这个结论无法否定。对此,玄宗也是心领神会的,比如对不尚贤、愚民、抑智等权谋方面,他的注疏非常精到。但他却开始将《老子》约束侯王的政治道德,尽力引向人臣与人民。比如他注《老子》的"不自见"为"人能不自见(显示)其德",注"不自是"为"人能不自以为是",注"不自伐"为"人能不自伐"(《道藏》十三卷,第410、411页)。将本来针对帝王的教诲完全转移到"人"上,根本不向帝王方面引,丝毫也不提及君王的自以为是、自夸、自大,会带来何等大灾难性的后果。帛本证明古本《老子》序言章为今本三十七章。它说:"道恒无名,侯王若守之,万物将自化,化而欲作,吾将镇之无名之朴……夫将不辱。"也就是告诫侯王要安守无名、勿求名求辱,但是玄宗不取"道恒无名",而取"道常无为而无不为,侯王若能守……",这一来侯王不是安守无名了,而是守住像天、像大自然那样的"无为无不为"了。这已是对侯王荒唐的拔高,而接着对"化而欲作……"的注则是一个大转移:"人即从君上之化,以无为清静而复欲动作有为者,吾将以无名之朴而镇静之。""人君以无名之朴镇静苍生。"（《道藏》十三卷，第51、441、442页）这一来，这些话所针对的完全转移到别的"人"和"苍生"上来了，而独独少了《老子》进言的主要对象"侯王"。看来，唐玄宗头脑里尽其可能将约束君王的政治道德与政治权力引向士庶。

第三大改造。如果说以上是唐玄宗点点滴滴地将"人君南面术"引向人生哲学，到了开元十一年（752），即过了十年后，唐玄宗就把本为南面术的《老子》彻底诠释为人生哲学，这集中体现在他的《通微道诀》上。这一年，他下诏"《道德经》宜令士庶家藏一本"，但实际上难以完全办到。五千言《道德经》对于士庶之家，还是嫌长了，而且也太难懂，更重要的是其中有许多不适宜"士庶"们知道，所以唐玄宗又撰写了不足三百字的、文字流畅、短小精悍的《通微道诀》（以下简称《道诀》），集中体现了他是如何将南面术的《道德经》彻底改造转化为人生哲学的。

首先，他首创了人与道的关系理论。《道诀》以母子关系为喻进行说明："人者，道之子；道者，人之母。"把道比作母亲，把人比道的孩子。又说："念身何来，从道而有。"人身虽然是母亲所生，但从根本的意义上讲还是从道而生的，所以，人应该像亲近母亲那样尊重亲近道，反之，"子不知母，谓之不孝；人不识道，谓之至愚"。他还进一步用鱼水关系来形容人与道的关系，《道诀》中说："鱼在水中，水为鱼命；人在道中，道为人生。道去则人亡，水竭则鱼困。"道成了人的生命要素，有没有道变成生死存亡的大事。这种论调不见于《老子》，自然属玄宗首创。他极力倡导臣民"守道、合道、履道、蕴道、体道"……至于帝王如何守道、履道，那人们就别操心了。

其次，唐玄宗在《道诀》中提出十条修道之纲。第一，道的教义既不同于佛教，也不同于儒教、道教，《道诀》将其简括浓缩为所谓"无为之教"。"弃无为之教，别云修善。""无为"是《老子》的一味重药，专治世袭侯王"有为"的。因为侯王有为会引发出种种祸患与灾难。在这里，唐玄宗将"无为"一股脑转移到臣民身上去了。全民修炼"无为"能修出什么善果？可想而知。第二，修道的关键在于修心，而修心的关键在于静心，而静心就是使心空寂下来。他在《道诀》的最后又再次呼吁"尔当慎汝身，洗尔心"。"吾好静""吾无事"是《老子》针对侯王好生事，因而扰民、害民、殃民，才开出的另一重要方剂，这里原封未动又转送给臣民。第三，唐玄宗认为修道应该从人自身去修，即所谓"大道坦坦，去身不远。修之于身，其德乃真"，如果离开自身去寻觅道，那只能是"背道求道，从迷至迷"，他为此大声哀叹："不知即身以求道，而乃徇福以丧真，何其误欤？"《老子》说的是要将善于建立、善于保持的原则修之于身、家、乡、天下，《道诀》说的完全是另一码事。第四，唐玄宗主张修心必须建立在"去万恶，增万善"的基础之上，"诸恶莫作，众善奉行"。第五，唐玄宗还强调修道一定要勤奋努力，不能懈怠。他把勤奋努力者称为"上士"，而把懈怠者称为"下士"，认为"上士能勤行，下士惟大笑"，他认为所有人都"可为勤行之士"，并在《道诀》中三次呼吁"尔其勖（勉）哉"。

《老子》所说的上、中、下士，指三等知识分子，这里转移得文不对题。第五，"不益己，不损物"。第六，对内知足，对外不贪，他大力提倡"少私寡欲，夷心注元""常取不足，勿求有余"。认为"物足者，非知足。心足者，乃知足。心若知足，此足则常足矣"。第七，"内保慈俭，外能和同"。从侯王的慈、俭变为温饱不足民众的慈与俭。第八，"善本破恶，不合邀名；施本济人，不合求报"。唐玄宗以最高统治者的身份告诫众生："今将告以元言之首，施勿求福，而福自至；斋勿贪功，是谓有欲。"这里又将《老子》告诫侯王的"无名""无欲"转让给臣民。第九，"柔弱为趋道之津，诚敬乃入真之驭"。意思是说，柔弱为趋向道的渡口，诚敬为进入真的车马。柔弱更多的是从抑制臣民的角度来讲的，而诚敬则更多的是让臣民推崇他人的角度来讲的。《老子》的"贵柔"是指君王，这里又变为臣民的事。第十，"内养五神，外合一气"。"五神"指五种精神活动，即神、魂、魄、意、志与由此而生的喜、怒、思、忧、恐五志。这已是唐玄宗自己的发挥了。

其三，修道的最终目的是什么？《道诀》说：其一，对修道者个人而言，最后要达到"长生久视，沐浴元波"的目标。他吹嘘自己的《道诀》为"真经之旨毕于是，不死之方尽于是"。所谓"长生久视"就是指长生长寿。其实，按照对楚简《老子》文字的诠释，是说富足人民、侍奉上天，没有比务农更重要的了。这样才有"可以有国，有国之母，可以长久"的"长生久视之道"①，它说的是经济、重农，唐玄宗把它理解为养生问题了。其二，推行道法是为了形成一种"去万恶，增万善"尤其是忠和孝的社会风气，从而使统治阶级团结、社会秩序安定，正如《道诀》中所说的"忠者，臣之分；孝者，子之心"。忠孝是当时统治稳固、社会安定、经济发展的基本前提。"臣忠子孝"，这才是唐玄宗最关心的修道目的。这里唐玄宗既用《老子》，也借用了儒教、佛教的全套修道劝善的方法，变《老子》为人生哲学，加之道教也把《道德经》引向养生、重生、贵生，《老子》的"南面术"终于完全变成了人生哲学、人生大智慧（以上《道诀》引文见李利安《唐玄宗〈通微道诀〉的人生和谐之道》一文所引，载《和谐世界以道相通》，宗教出版社，2007年4月版，第618—623页）。

第四大改造，唐玄宗把尊崇老子一步步推到登峰造极的程度。开元二十五年（737）诏两京及各州置玄元皇帝庙一座，立崇玄学。天宝元载（742），诏《汉书·古今人物表》把玄元皇帝升入上圣（《旧唐书·礼仪志四》）。天宝二载（743）、天宝八载（749），又先后在"玄元皇帝"前追加了"大圣祖""大道"的字样。天宝十三载（754），玄宗朝献太清宫，再上玄元皇帝尊名曰："大圣祖高上大道金阙玄元天皇大帝。"（《旧唐书·玄宗纪下》）对老子贴金之厚、吹捧之高、令人惊倒。这实际上是为自己增光添彩。这一来，玄宗再也不会用《老子》约束

---

① 详拙著《楚简老子辨析》，中华书局2001年11月版，第272—275页。

自己了。他陶醉于盛世太平，东封泰山，表示自己的大功告成；政治上穷兵黩武，好立新功；生活上日益奢侈，"视金帛如粪土，赏赐贵宠无有极限"，忘慈、忘俭、忘记不敢为天下先，自是、自见、自伐、自矜，放纵自己的享乐欲望，沉湎于声色世界，昔日由他革除的弊政，又变本加厉地卷土重来。他厌恶骨鲠之臣，使奸佞与昏庸当道，谏诤之路断绝，自己也变聋变瞎，引发了安史之乱，不得不仓皇逃离长安，到成都避难。不久被迫宣布退位，大唐盛世的辉煌自此一去不复返。玄宗死后被谥为"至道大圣大明孝皇帝"，不仅"大圣大明"，而且"至道"——道的至高体现者。这使人联想到宋徽宗，他生前就自称为"教主道君皇帝"，集人君、天神、教主于一身。还有那些历代被赞为"法道""应道""继道""合道""循道""弘道""体道""隆道"等帝王，难道真是"君也者，道之所出也"（贾谊语）？任随人们把道捧上天，但一遇到"圣旨"，哪怕是真"道旨"，那也只能乖乖让路、乖乖听话。在帝王文化主导下，其他文化只能三呼万岁。

由此可见，汉文帝以自己的言行注《老子》，是原汁原味的古《老子》，唐玄宗对《老子》作出的四大改造，则是改编改造《老子》，使《老子》模糊变味，由政治哲学变为人生哲学。唐玄宗制造的这一错案，岂有不翻之道理！

三、推翻的核心方案：
"以古为尚"只适用古《老子》，
不适用于道教之经典教义

清代考据学"以古为尚。以汉唐难宋明，不以宋明证据难汉唐；据汉可以难魏晋，据先秦两汉可以难东汉。以经证经，可以难一切证据"（见《梁启超论清史二种》，朱维铮校注，复旦大学出版社，1985年版、第39页）。帛书《老子》之古早于西汉，它可以难《道藏》一切《老子》，显然也能难、能否定唐玄宗钦定的《老子》。

但是，"以古为尚"绝对不适用于道教之经典。古《老子》是史官向侯王呈献的"南面术"——统治、领导人民之"术"（道），西汉初它成为官方哲学，主治国经世。到了东汉后期，在桓帝的带动下，《老子》成了追求长生的道术。公元二世纪时，经过张陵、张衡、张鲁三代的活动，老子及《老子》已经被分别崇奉为道教的教主和圣典。因此凡属道教方面的经典、文献、教义，从宗教角度来说，不宜干预、更动，不必"以古为尚"，而是率由旧章。

但是，从历史文献学的层面，对于作为古代政治道德经典的《老子》，则必须"以古为尚"。主要原因有：

1. 据简、帛古本把颠倒的"道上德下"篇次颠倒过来："德上道下"；
2. 根据帛书《老子》两本与楚简《老子》以及待出

版之西汉竹书《老子》等《老子》古本的分章点、分章符
号，重新审定《老子》分章、分章顺序；

　　3. 以帛书《老子》两本为底本，验之以其他古本（韩
非《解老、喻老》，西汉竹书、严遵本等），审定文字，
恢复《老子》之本义：君人南面术——世界与中国最早的
政治道德。

　　这样，唐玄宗钦定《老子》的错案就推翻了。而《老子》可
能形成两种传本，一是道教的《老子》，即传世的通行本、今本
《老子》；二是古文献的《老子》，即以帛书《老子》为底本的
《老子》。北京大学哲学系曾提倡中国人要读《论语》《老子》
两本书，显然这里提到的《老子》是指古《老子》，不是唐玄宗
动过手脚的《老子》。

　　帝王文化对于全社会、全民族的影响，远远大于儒、释、
道三大文化，它居于儒、释、道三大文化之首，是其他文化的主
宰。它不仅体现在制度文化（政治上中央集权、思想文化定于一
尊）上，而且深入社会的思想、心态、行为，以及物态文化上。
孔府孔庙有帝王气派，但那是钦定的，帝王赏赐的。有哪个道
观、寺庙、佛塔能与故宫、帝王陵墓相比呢？自从内蒙古师范大
学刘济生教授提出中国四大文化说后，我猛悟到我们还没有剖析
过帝王文化对《老子》的淡化与篡改。细想一下，"上德不德"
是与"皇恩浩荡，恩泽四海"相悖的，但是"上德不德"却是
《老子》的首篇首句，是否因为它有碍于帝王文化了，这才被刘
向以及后来的唐玄宗颠倒篇次了呢？对生于深宫、长于妇人之

手、未尝知忧知惧的世袭侯王，《老子》主张他们要时时自称、自名、"孤、寡、不穀"，即时时称呼和认识自己为"不德的我、少德的我，不善的我"。对绝大多数帝王来说，无德少德于民，应该是铁一般的事实，但帝王文化能允许它如此直白吗？老子说，"吹（炊）者不立"——吹嘘浮夸是站不住的，但对于帝王来说，时时都在吹嘘自己，"奉天承运""吾皇圣明""吾皇万岁、万万岁"①！怎么可能承认"吹者不立"呢？是否因此而改为"企者不立（想尔本改为'喘者不久'）、跨者不行"这样不痛不痒与下文无关（自以为是，固执己见，自我夸耀，自高自大都难以长久）的文字呢？帛本的"善者不多，多者不善"②，主要指侯王当政者的私欲太重，能力太有限，有能力的又"内多欲"，鲁迅甚至说"历代皇帝基本上没有好东西"，帝王能承认这一点吗？有一点可以肯定：帝王文化对《老子》中限制约束王者权力、约束其政治道德的部分，必定有改造、有隐讳、有转移，陕西省发现不足三百字的唐玄宗《通微道诀》碑，即充分说明这一点。而唐玄宗对于《老子》的改编改造，又充分证明帝王干预学术，同样会造成重大的影响，甚至使学术出现停滞。诚然，《老子》给帝王开出了多方面的处方，把其中某些对帝王的要求引向人生智慧、人生哲学，也未尝不可。《庄子》、道教就是这么办的，但这不能成为后人扭曲《老子》初衷的理由，不能

---

① 见拙著《今本〈老子〉五十七个章中的模糊点——帛书〈老子〉今译》第115—118页。
② 见拙著《今本〈老子〉五十七个章中的模糊点——帛书〈老子〉今译》第115—118页。

由此否定它的"南面术"性质，尤其是其中的正确部分。所以最值得庆幸的是：帛书、楚简、西汉《老子》出土了。它是一部帝王文化尚未来得及动手脚的书，而且道教也还没有对它进行宗教处理。它对于今天不乏可资借鉴之处。想来这些会引起学人与读者的普遍关注。而高道大德之士尽可以将《老子》引申到人生智慧、人生哲学方面，那是他们的自由，自然另当别论。

《弘道》总 56 期（2013 年第三期）刊出

四古本《老子》乃世界最早的政治道德著作

——《老子》的为政三十二要

一、诬古人，误后人——遭系统篡改之今本《老子》

段玉裁在《经韵楼集》中说：

> "校书定是非最难。是非有二，曰底本之是非曰立说之是非。必先定底本之是非，而后可断其立说之是非……何谓底本，著者书稿之稿本是也。何谓立说，著书者所言之义理是也。不先正底本，则多诬古人。不断其立说之是非，则多误今人。"

我们在论述《老子》时，用什么样的底本？立说是以什么样的底本为据的？这两个问题，不先搞清楚，岂不既厚诬古人，又误了后人？而在《老子》的故里中国，竟然对《老子》其人、其书做出了近两千年"诬古人""误后人"的事，迄今茫然不知。下面，我先简要介绍四古本《老子》，与流行了一两千年的今本《老子》相比，它具备七真七优的特点：

（一）四古本《老子》，未经帝王丝毫之篡改，更未经唐玄宗系统地篡改，优于诸今本；

（二）四古本之《老子》书名一致，篇名名副其实，优于诸今本；

（三）四古本皆为《德》上《道》下，因而确证篇次正确，优于今本；

（四）四古本章次没有错乱，今本十章章次错乱；

（五）楚简、帛书（甲、乙两本）、西汉竹书《老子》分章正确未被调整，今本四分之一分章错乱；

（六）古《老子》文字谬误大大少于诸今本；

（七）如果以帛本《老子》为底本，互校互订互改，再兼取今本《老子》之长，综合本《老子》，必将成为最古最真之《老子》。

由此可见，四古本《老子》给传世近两千年的今本《老子》岂不颁发了"篡改证""赝本证"。过去传世的《老子》，居然是篡改本、赝本。岂不是在"诬古人""误后人"吗？

二、古《老子》的政治道德：为政三十二要

班固《汉书·艺文志》曰："道家者流，盖出于史官，历记成败存亡祸福古今之道，然后知秉要执本，清虚以自守，卑弱以自持，此君人南面之术也。"所谓"君人南面术"，即一切领导人民的道德与谋略，今天谓之"政治道德"。四古本《老子》具备上述"七真七优"，使《老子》的"君人南面术"恢复原貌。《老子》对君人者应有的道德操守，为政为民的行为规范，军事外交政策的设计，如何为言听言知言，用权，都有周密设计，虽

不无糟粕，如堵塞私学、愚民等，但瑕不掩瑜。同时，其正确部分的价值又为中国历代治世的实践所验证，也为今天的政治正反面经验所证实。众所周知，《孙子兵法》乃世界、中国最古之"兵家圣典"，这是中外古今之定论。那么，中国与世界最早的"政家圣典"是《论语》还是《老子》？我认为，不会是《论语》，而是古本《老子》。老子与孔子都是"德配天地，名垂千古"的圣人，是中国与世界的伟大思想家，但作为最古、最系统、最精练的政治道德来说，《论语》不能与《老子》比。一个以社会人伦为重，另一个则是以政治道德为重。

汉武帝独尊儒术，罢黜百家，这是因为《老子》的政治道德是约束帝王、君人者的，帝王自然不喜欢它，《老子》由此逐渐隐晦。而唐玄宗钦定《老子》这一错案，又使被篡改的《老子》进一步被固定化，流传至今①。直到四古本《老子》面世，《老子》与老子思想的原貌终于大白于天下。《老子》系统、完整、精练、简洁的政治道德原样呈现，正与时代需要的政治道德相合拍，岂非天意？

拙文曾以《〈老子〉的主题是什么》发表于《中州学刊》2004年第二期。这里根据四古本加以改写，一是增加了关于帝王为何篡改《老子》的内容，二是将《为政二十六要的"导德

---

① 拙著《西汉竹书〈老子〉注释评介今译》，2014年获国家社会科学基金西部项目立项（zxc473）。其中有一本专著《必须推翻唐玄宗钦定〈老子〉错案》，该书收录在香港《弘道》杂志发表的十篇拙文。2016年底可望出版。2015年国家社会科学基金重点项目"四古本（楚简、帛甲、帛乙、西汉）综合版《老子》研究与集成（15AZD033）"，三年后可望审核批准后出版。

经"》部分扩展为三十二要。《汉书·艺文志》对"道家者流"的评语百字，无不是指《老子》，且它又可分为最高的境界与一般的境界两大部分。前者虽然极难做到，但又是人们天天能看到和感受到的，《老子》非常希望侯王与统治阶级有必要能从中有所感悟；后者则比较容易办到。这两种境界的"导"之以德，概括地讲，为三十二要（除一、二两条外，按帛书《老子》章序排列）：

1. 最高境界的德，如天如地。即为"五弗"的"玄德"："为而弗志，成而弗居"，"生而不有，为而弗恃，长而弗宰，是谓玄德"，给人民带来恩惠而不敢有自己的期望；取得成功而不敢居功；同时像天地那样生长万物而不敢据为己有，兴盛万物而不敢自恃己能；成长万物而不敢成为主宰，"这就叫天的隐而不宣之德啊"（河上公注释："玄，天也。"）！用孔子的话讲叫"则天""法天""善天"。天、地又何曾用利天下来利己呢？

2. 最高境界的善，如水如气。气与水，人与万物须臾不可离，它无所不在，无所不往，普天之下无不承其惠，而这又完全出于无心。《老子》幻想统治者布仁施义，像气与水那样无所不受其利，但又无私无欲。统治者如能以水为榜样，像水那样滋润万物，献身天下，而默默无声该多好啊！但是《老子》深知："天下稀能及之矣！"

3. 要敦厚朴实，不要以仁德者自居自利。三代以来，"德"往往被人用以进身、谋私、谋权、谋名、甚至谋篡逆。暴露了德的虚伪性、不纯性、政争性、临时性。所以四古本《老子》首章

大家读老子

首句就提出"上德不德，是以有德"——高尚的德，不以仁、德者自居自傲，更不以仁德谋私利己，这样的德才是有德。相反，对于自己的德念念不忘、喋喋不休、索誉要利、巧取豪夺者，终将无德。

4. 德要纯一无私，一以贯之。用《文子》《庄子》的话说："贼莫大乎德有心。"把抱有私心的仁德，不仅看成伪善，而且是偷窃。所以在"上德不德"之后，《老子》马上提出了德的纯一问题——"得一"。"得"与"德"古通。君人者之"德"，体现在人民的"得"上。而"一"，即纯一不杂与专一、一贯。所以，帛书《老子》第二章就说：古时恩得（德）是纯一、无私、一以贯之的。天、地、神、河谷与侯王的恩德纯一，所以才清明、宁静、灵应、充盈、公正。否则即会窒息了恩得的纯一。那么天就可能破裂、地就会被废弃，侯王也不可能公正。显然，这里强调务必保持德之纯与一以贯之。既不能变味，更不能半途而废。（以上两点与帝王文化的"皇恩浩荡、泽及四海"大相悖离。是否因此导致被刘向颠倒篇次，并在诠释上有所隐讳。）

5. 要时时提醒自己的无德、少德与不善。接着《老子》又用两章劝导侯王"自名"孤、寡、不穀。按照《礼记·曲礼下》及《尔雅·释诂上》的解释："孤，特立无德之称也"，"无德能也"；"寡，寡德也"；"穀，善也"，不穀即不善。将孤、寡、不穀翻译成白话，即无德无能的我（孤），少德少能的我（寡），不善的我（不穀）。对于大多数平庸之君、三五岁甚至褓褓中承袭君位之君来说，此种称谓并不为过，甚至还不够。他们生于深宫，长于妇人之手，未尝知忧，未尝知惧，大多沉溺于逸淫放恣之中，会有多少恩德造福于民呢？有多少堪称为"善政"呢？所以无德、少德、不善之称，名实相符。多数侯王还应称之为"负德"——人民给他福利恩惠太多太大了。

6. 要立于反弱，以愚自处。《老子》接着又提出以贱为本，以下为基。又说：德行高尚，虚怀若谷；恩德广布，好似不足；建功立德，好似怠惰；方方正正，好似没有棱角……这些不就是立于反弱？其他如图难于易，为大于细，不争之争，无积之积，无私之私，欲刚以柔守，欲强以谦保，总之《老子》认为：相反的方面，柔弱的方面，往往就是君人之道运转和发挥作用的方面，它不仅可以反求正、以弱求强，而且是一种应有的品德。（但是，帝王文化宁愿它作别的诠释。）

7. 要知足知止。接着《老子》又进行"知足知止"之教："名与身孰亲？身与货孰多（贵重）？得与亡孰病？……"争名夺货，甚爱厚藏的人，多属于王公统治阶级。对他们进行知足知止的说教，显然是剂"可以长久"之良药。如若对食不果腹的农民、平民，也要他们知足知止，就未免文不对题。

8. 要大成若缺。四十五章曰："大成若缺"，"大盈若盅"，国富兵强，拓地千里，并国数十，成其大功的王侯将相，如果不因此而昏昏然，看到自己的缺陷与不足；丰满充盈的如果能以细小视之，富裕却以不足居之，自然会其用无穷。同样的思想还表现在四十一章后半部："上德如谷，大白若辱，盛德若不足……"人非圣贤，即便圣贤，真正能达到"上德""大白""盛德"者，未必多。在这不多的人中，不乏是被臣下吹捧美化了的。因此，即使人们感戴大恩大德，也应看到自己的不足，可

大家读老子

见这不是对普通人的说教。

9. 要大成若诎。即大成功之后反而要变得笨嘴笨舌。今本四十五章就没有这一句，而楚简本有，真是遗憾千古。成大功的侯王，在群臣的吹捧、人民的颂扬中，逐渐昏昏然，骄傲自大，口出狂言，上射天，下射海，"自古莫及己""予雄予智"，欺小国，凌大国"予言莫敢违"，也就距败亡不远了。此类血的历史教训一再重演，才得出这句"大成若诎"，今天我们为什么不补充上呢？

10. 要以百姓之心为心。即四十九章所言："圣人无常心，以百姓之心为心。"《道德经》的要求极简单：以百姓的意愿为意愿。以百姓的是非为是非。要做到这一点，第一，要有"善者善之，不善者亦善之""信者信之，不信者亦信之"的宽容气度，因为你认为的"不善""不信"，并不一定不善、不信。第二，要"在天下歙歙焉"，歙即吸，吸什么？自然是百姓之意愿。第三，为天下之人，无不超群出众，他们往往会逞才斗气，听不进百姓之意愿，大搞顺我者昌，逆我者亡，此心不"浑"，也难以"以百姓之心为心"。

11. 要尊道贵德，唯道是从。二十一章说："孔德之容，唯道是从。""孔德"即大德，对于统治者来说，他对于百姓的大恩大德就是唯道是从。这比"博施于民能济众""克己复礼"等仁人爱民的说教低调，但更难办到。"仁"可能是"善为道"的，也可能是非道的、化伪变质的。"唯道是从"就难弄虚作假。

12. 要方正而不生硬固执。谦虚直率而不肆无忌惮，光亮而不超前超常（"方而不割，谦而不刺，光而不朓"，即今本五十八章）。

13. 始终不要好大喜功——"圣人终不为大"。

14. 必须把民众利益放在前面，必须用言语向民众表示谦下（即"圣人之在民前也，以身后之；其在民上也，以言下之"），这样才能"民弗害""民弗重"（今本六十六章）。

15. 注意"正言若反"。往往正面的话含有反面的意思。

16. 要"为亡为，事亡事，味亡味"（楚简《老子》文）。亡，即隐而不宣，秘而不示人。即不要显示自己的口味、爱好、兴趣。这样才能大事化小，多事化少。不然难免要上吹牛拍马的当，祸国殃民。

17. 要立于不败。《孙子兵法·计》曰："先为不可胜，以待敌之可胜，不可胜在己，可胜在敌。"所以首先要致力于自身的"不可胜"，立于不败之地。同样，治国也得"先为不可胜"，确立不败之基。用《老子》五十四章的话叫"善建者不拔，善保者不脱，子孙祭祀不绝"。并且首先是国君自身的"不拔"，"不脱"之建，如果君王自己多病多灾，自身难保，谈何其他？其次是国君家庭、宗室的"不拔""不脱"之建。如果"妻为敌国，妾为大寇"，宗室谋国篡逆，也难谈侯国之"不拔""不脱""不绝"了。所以"善建""善保（保持）"的原则，必须首先"修之身""修之家"，然后再"修之邦""修之天下"。如果"治国者不先为不可夺，以待敌之可夺，却去趋天下之利，忘修王之道，身犹难保，何尺地之有"？

18. 要像婴儿像赤子那样纯朴。为政者建身为国要以婴儿赤子为镜：表里如一，神形合一，纯朴无伪、无忧无虑、无私无争。

大家读老子

同时又如赤子那样精气充沛、元气淳和，那样放松自己，排除杂念。

19. 要"无为"——无私为。或者说："能辅万物之自然而不敢为"。五十七章说："我无为而民自化，我好静而民自正，我无事而民自富，我无欲而民自朴"。"我"即王侯、公卿，只有他们的无为好静无欲，才能给人民带来自化、自正、自富、自朴的结果。这并不言过其实。天生的封建国君，大多骄纵淫逸，已够昏庸，如果再乱七八糟地有为，那就更加危险了。即便是英明的国君，他所为所事的后面（甚至前面），又大都隐含着（甚至明摆着）私欲私利，意气用事。所以无为、无事、无欲，对昏庸之君来说，是请他们偷懒、偷闲，而对明主来说，则是请他们无私、无私事、无私欲，不为一己私利去扰民。无为、无事、好静、无欲又可简化之为"无为"。"无为"当然含有不妄为（辅万物之自然不敢为），不蛮干的意义，但更主要的是不为私而为。（这里显然是想限制王者的权力，帝王文化又显然喜欢将无为、无欲、好静引向臣民，而不用它来约束自己。唐玄宗下旨要求全国学《道德经》的目的正在于此！）

20. 要防止"正复为奇，善复为妖"（五十八章）。无为即"无私为"，而出于私心私欲的"有为"，常常是违背自然、逆乎人心的。而要推行它就不能用正道，只能借助于用兵的诡奇之术。于是"正复为奇，善复为妖"，正道复归于权诈，善良复归于邪恶，有为的越多越大，人民受害越深越重，伟大变成渺小，利民变为害民。如何防止呢？《老子》的办法很简单。一是对能否以正临国常怀忧虑（"其正闵闵"），二是对自己的以正临国绝不标榜（不"以正察察"）。只要不为一己之私而为（无为），安静下来（好静），少些私欲（无欲），别再你争我夺（无事），这样人民自然会归顺、富足和纯朴。这就叫"以正之邦"。可惜以上思想被今本《老子》篡改模糊了。

21. 要重农，要将耕耘收种看得无比重要。五十九章首句今本是"治人事天莫若啬"，人们沿袭韩非的诠释，理解为治人事天要"吝啬精神"。楚简本此句则是"给人事天莫若穑"，即"给予人民（或富足人民），没有比务农更重要的事了"。再加上楚简本还有几个字不同于帛本与今本，如以楚简为准，老子的重农思想则豁然开朗。对于一个以手工工具、农业经济居绝对统治地位的时代，农是国本、民本，重农即"重积德"，也就是国与民的"深槿固氐、长生久视"之道（可惜又因文字讹误，《老子》的重农思想在今本中完全不见了）。

22. 要忌折腾。紧接着的六十章说："治大国如烹小鲜。"烹鱼的道理可用以治理国家，即不要繁政扰民，别折腾。这对于务农至关重要。治国、务农、烹鱼，如果折腾不已，鱼汤变鱼酱，非一塌糊涂不可。

23. 要谦下、后己、无私、不争。五千言《老子》，就有十章在直接作谦下、后己、无私、不争的说教。而这种无私、不争、退身、外身，其结果反能"成其私"，应该说，也是一种政治辩证法。

24. 要慈、俭、不敢为天下先。此之谓为政之"三宝"。它既是针对为君为政者的，也可能是针对孔子的。用文子的话说：战国时国君"苦一国之民，以养其耳目口鼻"。"陈妾数千"并不少见。甚至连卫这样的小国，内宫也是"妇女文绣者数百人"（《墨子·贵义》）。而国君为名为地，争先恐后，动辄将人民推向战争，"三宝"由此而生。同时"三宝"似乎有针对"仁"而发之意。因为"慈"有别于"仁""兼爱""爱人"。慈是一种慈母于子女之爱，发自自然的天性，它是一种对人民，对兵，对下属有如亲子一般的理解和爱护。这样方能换得臣民士卒的武勇。"仁"具有明显的社会政治性，有时它就是一种伪饰、市易、权谋。人与禽兽之于幼子之慈就不是以图私利为目的。同时，除慈而外，还有俭朴、不争先、不强出头，用以制约慈的掺假变质。当然慈也不完全没有目的。"慈之以为勇，俭之以为广，后之以为先"，无为的目的还是有为的。

25. 要承担对国家的诟骂及不吉不祥。七十八章提出"受国之诟""受国之不祥"。即君王对于国家的诟骂、屈辱、不祥，应进行自责。其实这也是老调重提：商汤说："万方有罪，罪在朕躬"（《书·汤诰》）。万方的罪过，归我一人承担。周武王说："百姓有过，在予一人。"（《论语·尧曰》）春秋早期进一步总结了这些历史经验。有"禹、汤罪己，其兴也勃；桀纣罪人，其亡也忽"。而《老子》的"受国之诟""受国之不祥"，就是说要把人民背后的责难、咒骂，与国家种种不吉利，看成是自己不善、不慎、失误造成的。孟子的"王无罪岁"就是同类思想的发挥。即绝不要诿过于天，诿过于臣民。

26. 要慎之又慎。如何临民为政用权？十五章论述极为形象：古时善于遵循道的人，审审慎慎啊，他像冬天涉水过河；反反复复考虑啊，他像害怕邻国四面进攻；拘谨严肃啊，他像宾客；他们行动啊，像解冻的冰那样渐进；敦厚朴实，像未经雕琢；……遵行此道的人，从不过分，宁肯守旧也不急于求成。

27. 要"四不"：老子告诫说：吹嘘浮夸是站不住的（"吹者不立"），所以要不固执己见，不自以为是，不自我夸耀，不自高自大。这即二十二、二十四两章提出的"不自见""不自是""不自伐""不自矜"。也就是为君、为政者治理天下，永远不固执己见，不自以为是，不自我夸耀，不自高自大。要求平庸之为政者不自是自见，也许难度不大，而要英明圣智的为政者不自是不自见，并且始终如一，就十分困难了。但是在专制政体下，的确是一个关乎安危治乱之大事。（但帝王文化是"奉天承运""吾皇圣明""吾皇万岁万岁万万岁"，怎么能承认"吹者不立"呢？所以改为"企者不立、跨者不行"或"喘者不久"。）

28. 要慎交友。孔子有"莫友不如己者"之教。为君为政者，自然也有这样的问题，而且它关乎国家治乱。二十三章曰："从事于道者，同于道，德者同于德，失者同于失。同于德者，道亦得之，同于失者，道亦失之。"国君为政者，凡志事于道于德的，应与有道有德的人相和同；与奸邪佞谄之人相和同，必然失道失德。同样有道之臣与无道之君相和同，连道也会失去。"观其所举，察其所同，得道失道可论，治乱可见"。

29. 要自知、自敛、自胜。"知人者智，自知者明"，"知不知，尚矣"！《文子·微明》则点明："知人则无乱政。"《吕氏春秋·自知》更点明人君自知最难，"人故不能自知，人主尤甚"，而人主的自知关系到国之"存亡安危"，因此人主"务在自知"，"败莫大于不自知"。所以《老子》六十七章告

　　　　　　　　　　　　大家读老子

诫人君要自知："天下皆谓我大，似不肖。夫唯大，故似不肖，若肖，其细久矣。"天下都称颂我伟大，恐怕不像。如果像的话，那也许早已渺小了。用严遵的话说，早已"逆天行"了。（但汉代以后的《老子》文本妄加妄改了文字，诠释与此大相径庭。）

30．要尊天、尊地、尊道、尊王，更要尊从自然。今本二十五章的"有物混成，先天下生，可以为天下母"的"道"，一致认为是老子的宇宙本体论。这正确。但千万不要忽视了它引出的结论是政治："天大、地大、道大、王亦大。国中有四大安，王居一安。"（楚简本文字），"安"不是语助词，而是本字。"安，静也"（《说文》），定也，宁也。凡能尊天、尊地、尊道、尊王的，即国中能作到"四大"，则必收安宁平静之功效。因为这是小农经济为主体的经济条件和封建专制主义的政治、文化条件下的必然。但是，"王大"的前提是天大地大道大，并且要法天、法地、法道，法自然。即尊重客观规律（法道），不可违背自然规律（法自然）；像天、地那样好静、无私、无欲。果能如此，岂不国泰民安？多少年来，每户堂屋中央都有"天地君亲师之位"，岂不也是家中有五大安的祈盼？

31．要从事物的根本上着手（"天下有始、可以为天下母"）。

32．要安于无名，切勿求名取辱。按帛本的排列，这是《老子》最后一章。因为先秦、两汉时期，书序往往放在书末，所以这也就是《老子》的序言、结语。按帛书文字是："道恒无名，侯王若守之，万物将自化。化而欲作，吾将镇之以无名之朴。镇之无名之朴，夫将不辱。不辱以静，天下将自正。"侯王本来已经有了"至誉"之名，何须誉上加誉？因此侯王要安守无名。切勿求名取辱。王弼用八个字概括《老子》："本在无为，母在无名。"无私为与不求名即《老子》说教的中心，它的主题围绕着这个中心开展。为什么《老子》这样看重无名？不求名、将其作为说教之中心？因为对侯王来说，首先好名必生事，必舍公就私。其次，好名必多战，战胜则骄，骄则恣。其三，好名必争名，争名必过度，争名无宽容。其四，君好名于上，臣争名于下，国无宁日。其五，无为必无名，无名方无为。总之，争名的结果是自取其辱、其困，乃至国弱国亡。安于无名的结果是国家与人民的安宁，天下自然安定太平。

三、封建社会至治之世的良丹妙药——《老子》

　　《老子》对君主专制下能否建立和谐社会至关重要，甚至可收到立竿见影之效。秦始皇与汉文帝的对比就最为典型。战国时，粮价为"石三十"，秦始皇统一天下的第五年"米价千六百"，上涨五十余倍；至秦末汉初"米价石万钱"，因而带来"人相食，死者过半"，"千里无鸡鸣"的人间惨祸。到汉文帝时，"粟米十余钱"，多得发霉，因而"鸣鸡吠狗，烟火千里"，与秦始皇时比，真是天上地下。为什么汉文帝取得如此太平盛世呢？这与他尊奉《老子》为官方哲学有极大关系。第一，文帝即位二十三年，没有修建增添宫室、苑囿、狗马、服饰，与皇后常穿粗糙织物。第二，不治坟，不烦民，这与秦始皇调用全国八百万劳力中的百余万建阿房、修骊山，穷奢极欲，不顾民之死活反差太大。第三，秦始皇禁止"腹诽""巷议"，焚书坑儒，臣民噤若寒蝉。汉文帝二年（178），下令群臣都来考虑"朕之过失"和"见、知、思"之不到的地方，"乞以造朕"，同时下令各方"举贤良方正能直言极谏者"，废除诽谤妖言之罪。第四，秦始皇统一天下后，五次刻石，歌颂皇帝之功德；而汉文帝经常自称自己"不德""德薄""不能远德"。第五，文帝"除肉刑"，"除田之租税"。秦始皇的"力役三十倍于古，田租赋二十倍于古"，"赭衣塞道，囹圄成市"，简直无法与之相比。同时汉文帝对匈奴之侵扰，也并非不作为，而是三次发兵征讨（以上均见《史记》的《平准书》《秦始皇本纪》《汉文帝本纪》等）。可见文景盛世与《老子》的政治道德见诸行动有关。它为建立人人有饭吃、人人能说话的"和谐社会"提供了一种简易的政治道德哲学。

综上所述，《老子》主题是什么，《老子》中心思想是什么，应该一清二楚。同时可见钱穆所说"孔墨均浅近，而老独深远"（《古史辨》四册），何等正确！

写到这里，我突然想起任继愈先生曾经说过的一段话："哲学遗产是前人用极高的代价换来的，它是人类克服大量错误认识，走过许多弯路取得的；医学遗产是积累众多临床实践，用无数患者的痛苦和生死代价换来的；军事科学遗产是总结无数实战经验得来的，也可以说是用鲜血和生命换来的。"同样，老子的政治哲学又何尝不是这样呢？它是三代以来无数政治上的成败、存亡、兴衰、祸福转化积累而来的。这里不也有上千亡国、成百君王的头颅为代价吗？而且军事斗争的血流成河、尸横遍野、易子而食、析骨而炊以及饿殍相枕藉，又往往源于政治，这也是老子哲学之源（见拙著《帛书老子与老子术》第10页）。秦始皇与汉文帝的对比，再醒目不过了。

在文章开头我们已经引用了段玉裁的一段金玉良言，到文章结尾还要引用梁启超的一段至理名言："清代考据学，以古为尚。以汉唐证据难宋明，不以宋明证据难汉唐；据汉魏证据可以难唐，据汉可以难魏晋，据先秦西汉可以难东汉。以经证经，可以难一切证据"（《梁启超论清学史二种》，朱维铮校注，复旦大学出版社1985年版，第39页）。

据四古本《老子》，岂不可以难后世一切《老子》？

2016 年 4 月 5 日改定

12 月 26 日再改

2017 年 7 月 30 日又改

附录四

我与古《老子》之缘

我致力于《老子》自学与治学六十五年，先后发表文章170余篇，其中在《人民日报》发表5篇、《光明日报》8篇、《哲学研究》3篇，同时在《中国哲学史研究》《复旦大学学报》《中国文化月刊》《社会科学战线》《文献》《道家文化研究》《中国文化研究》《诸子集成》等刊物多次发表文章，6篇被《新华文摘》全文转载，包括《法家理论指导下形成的国家——周秦国家形式的演变》（《新华文摘》1989年第3期）、《论帛书老子将取代今本老子》（《新华文摘》1998年第2期）、《先秦"善者不多"观》，（《新华文摘》1997年第4期）、《重写老子其人，重释老子其书》（《新华文摘》2000年第7期）等，被中国知网全文转载86篇，下载总数12416次，最高下载473次/篇。先后出版专著12种，其中中华书局出版《楚简老子辨析》，商务印书馆出版《帛书老子再疏义》《重识老子与〈老子〉——其人其书其术其演变》（以上两书被收入国家社会科学基金文库）。获得国家社会科学基金项目资助3项：2000年，《楚简老子辨析》获国家社会科学基金立项；2003年，《帛书老子再疏义》《重识老子与〈老子〉——其人其书其术其演变》获国家社会科学基金立项；2013年，《西汉竹书〈老子〉注释评介今译》获国家社会科学基金西部项目立项。历年受奖情况包括：《帛书老子释析》获2000年贵州省人民政府社会科学研究成果二等奖第二名。《帛书老子与老子术》获2002年贵州省人民政府社会科学研究成果二等奖第二名。《帛书老子再疏义》《重识老子与〈老子〉——其人其书其术其演变》获2012年贵州省人民政府社会科学研究成果一等奖第一名。2008年、2011年，经中国校友会网遴选，入选"中国杰出人文社会科学家"名单。

现借此篇文章，将我的自学与治学，以及从事《老子》专著撰述的情况向读者作一简要汇报：

一、自学与治学

我生于战乱，七七事变时才三岁，随家父所在的后勤部队南迁，记不清读过多少所小学，初中起才稳定下来。但初三上学期后，我因缴不起学费，只得考入不要学费的贵州省立高中预备班，读了半年后辍学，承担起养家的责任，当家庭教师，做小生意，赶马车。1950年，我参加革命干校学习，分配到贵州省开阳县工作。开始，我搞过清匪反霸，土改，历任三次土改工作组组长。1952年，我被任命为开阳县冯三区副区长，因一篇歌颂土改后大丰收的文章见报，被调到县委办公室任秘书、主任、县委委员。1958年、1959年、1960年，我因三次上书反映粮食、食堂等问题，被打成"阶级异己分子"，撤销职务，开除党籍，劳动锻炼，1962年8月后，我在县水电局当测量员，有空闲时间，苦读马克思、恩格斯、列宁、斯大林、鲁迅、毛泽东、普列汉诺夫著作与中外历史，自己规定每天必读百页以上才休息。

我的自学是由活页文选而小册子，而选集，而全集，一步步前进的。比如毛泽东、鲁迅著作，我先读几分、几角钱的文选、小册子，然后再读选集、全集。又比如马克思、恩格斯、列宁的著作，先是读单行本，然后再读《马恩选集》两卷本，再读四卷本，再进而读《马恩全集》。当时在县里是买不到《马恩全集》的，只能求在京、沪的亲友购买。他们惊讶：买这干吗？但是只有在《马恩全集》中，才能看到马克思与恩格斯之间的书信往来，进而发现很多新东西。对于《哲学词典》《世界名人辞典》《世界各国概况》《中国通史》等书，我不仅读一遍，而是二三遍。周恩来建议出版的各国历史，比如《日本近现代史》《美国史纲》等，是我认真阅读的重点（这要感谢我的一位学生，他买到数十个国家的历史书）。这是自学的第一步。

"文化大革命"时，县文化馆烧线装古籍，我背了一麻袋回家，从《商君书》读起。"国弱民强，民强国弱、务在弱民"，"遗贤去智，治之数也"，这是何等赤裸裸的弱民仇智、抑制知识分子的理论啊！不能否认，这种理论使秦一天天强大，灭六国，一统天下，但可惜不过十五年而亡，太短命。秦亡的教训，使汉文帝亦步亦趋，一字一句地照《老子》之教行事。中国从而进入"文景之治"的"至治之世"。西汉、东汉之世，历二十二帝，四百多年，超过秦王朝二十余倍。虽然由东汉中叶起，《老子》作为政治道德的面貌渐渐模糊，起初向养生术，后来又向社会伦理方面演变，成为有同《论语》那样的读物，今天又有了兵书、宇宙本体论之说，但总的来说，《老子》的"人君南面术"影响巨大，不可小视。可见《老子》、孔孟之政治道德在君主专制主义的政治条件下是何等有利于国家的安定与人民的生活了。

这就是我为何对《老子》情有独钟，为何对恢复古《老子》的政治道德持之以恒。

二十世纪七十年代，"批林批孔、崇法批儒"席卷全国每个角落，它促使我由研读马克思、恩格斯著作转而投入对法家著作的研读。法家的传记大多有个尾巴："其学归于黄老。""黄老"究竟是什么？当时对我来说，是个诱人之谜。"文革"前，我也曾读过《老子》，但是没读懂多少，因而随之也就忘了。"文革"中，"老子是一部兵书"的"最高指示"，又促使我迫切地想读《老子》。1976年夏，我居然只用0.55元在贵州省开阳县新华书店买到文物出版社1976年3月出版的《马王堆汉墓帛书老子甲乙本》。不久，我又买到《经法》，即《黄帝四经》之一。这就是原汁原味的"黄老"！我大喜过望。从此，我就与古《老子》结下不解之缘。

1979年4月平反后，我被调到贵州省委党校，担任历史教员。1980年12月，我有幸参加了在北京召开的全国政治学代表大会，后来又有幸参加复旦大学受命为全国各大学培训政治学讲师的全国第一次政治学讲习班，能聆听全国顶级政治学者的讲课，它影响了我一生的自学、治学。

而对我自学影响最大的是两件大事：

一是苏共二十大赫鲁晓夫的《秘密报告》，它促使我遍读斯大林各类传记与有关书籍：1.《联共（布）党史》。2.《苏共党史》。3.《斯大林全集》（人民出版社，1953年9月至1956年4月出版一至十三卷，其中有三卷未读）。4. 斯大林著，《列宁主义问题》（人民出版社，1953年11月第1版）。5. 张盛发著，《斯大林与冷战》（中国社会科学出版社出版，2000年第1版）。6. 邢广程著，《苏联高层决策70年》（共五册，世界知识出版社，1998年6月第1版）。7.〔俄〕德·安·沃尔科戈诺夫著，张慕良等译，《斯大林》（共三册，世界知识出版社，2001年9月第1版）。8. 中央编译局列宁斯大林著作编译室《斯大林研究》（1991年至1995年）。9.〔英〕伊恩·格雷著，张志明等译，《斯大林——历史人物》（新华出版社，1981年12月第一版）。10. 姜长斌著，《历史的孤独——早期斯大林新探：1879—1924年》（中共中央党校出版社，1994年第1版）。11. 姜长斌主编，《斯大林政治评传（1879—1953）》（中共中央党校出版社，1997年12月第1版）。12.〔俄〕爱德华·拉津斯基著，李惠生等译，《斯大林秘闻——原苏联秘密档案最新披露》（新华出版社，1997年8月第1版）。13.〔苏〕德·沃尔科戈诺夫著，陈启能等译，《斯大林政治肖像》（光明日报出版社，1989年5月北京第1版）。14. 刘应杰著《斯大林之谜》（中国经济出版社，1994年8月第1版）。15. 陈启能主编，《苏联大清洗内幕》（社会科学文献出版社，1988年10月第1版）。16. 沈志华执行主编《苏联历史档案选编》（共十卷，社会科学文献出版社，2002年8月第1版）。17.〔俄〕德·阿宁编，丁祖永等译，《克伦斯基等目睹的俄国一九一七年革命》（生活·读书·新知三联书店，1984年8月第1版）。18.〔法〕让·艾伦斯坦著，方光明等译，《斯大林现象史》（时事出版社，1986年11月第1版）。19. 安娜·路易斯·斯特朗著，石人等译，《斯大林时代》（世界知识出版社，1978年11月第1版）。20. 卢之超等主编，《斯大林与社会主义——世界第一个社会主义模式剖析》（社会科学文献出版社，2002年8月第1版）。21.〔芬兰〕艾诺·库西宁著，张化等译，《斯大林前后》，（群众出版社，1981年12月第1版）。22. 列夫·托洛茨基著，《斯大林评传》（东方出版社，1998年12月第二版）。23.〔英〕Alan Bullock著，钟宜审定，《希特勒与斯大林》（上下册，中国社会科学出版社，1998年10月第1版）。24. 秦永立编著《斯大林年谱》（中央编译出版社，1999年1月第1版）。以上这些只是主要部分。

列举以上书名，并不是为了炫耀，而是向读者展示我的自学轨迹，我通过这些自学，认识到政治道德的重要性。用原苏共中央政治局委员、宣传部长亚·尼·亚科夫列夫的话说："我确信绝不能政治道德沦丧、尔虞我诈，放纵不可遏制的权力欲。"（〔俄〕亚·尼·亚科夫列夫著《一杯苦酒》，新华出版社，1999年8月版，第123页。）其中"道德沦丧"四个字，说明政治道德的无比重要。

正像《孙子兵法》乃兵家圣典，古《老子》的君人南面术，即一部政治道德书，可谓政家圣典，而今天传世之《老子》百分之九十九是唐玄宗钦定的赝本。今天有了秦汉时期的四古本原汁原味的老子，为什么不让古《老子》恢复政治道德著作的原貌呢？

二是坚信2000年我从中央编译局出版的《马恩列斯研究》第二十期中，读到刊载的普列汉诺夫专门机构经过七年研究，确证非伪托的普列汉诺夫《政治遗嘱》。普列汉诺夫的遗嘱说："没有道德的政治是犯罪。"尤其对大权在握，享有巨大威望的人物来说，更是"大悲剧""大犯罪"。中外、古今，历史无不一而再、再而三证实此论。其实"没有道德的学术"何尝不是犯罪呢？《普列汉诺夫的哲学著作选集（四卷本）》（生活·读书·新知三联书店，1974年10月北京第1版）、《普列汉诺夫传》（米·约夫楚古·伊·库尔巴托娃著，宋洪训等译，生活·读书·新知三联书店，1980年12月北京第1版），《在祖国的一年》（[俄]格奥尔基·普列汉诺夫著，王荫庭、杨永译，生活·读书·新知三联书店，1980年7月北京第1版）等书影响我的一生。由此，我更加深信《老子》是世界最早为君人者设计的政治道德，并为此研究了四十年。

从《马王堆汉墓帛书老子》出版以来，我一生有四十年是生活在与古《老子》打交道中的，越来越感到应该为恢复《老子》原貌而奋斗，后来发觉要实现此事，还必须推翻唐玄宗钦定之《老子》错案。

高亨先生说："帛书本《老子》，多胜于今本《老子》。"经过二十二年研究，贵州人民出版社出版了拙著《帛书老子释析》，其副题直指今本《老子》："论帛书老子将会取代今本老子。"这把高老"多胜于"的结论上升为"取代"。在当时，连我自己都担心这种提法会遭到反对。

随着大量简帛佚籍出土，李学勤先生说："我国古代学术史是必须重写了。"这话推动了我对帛书《老子》的再研究。2000年贵州人民出版社出版了我第二本书《帛书老子与老子术》，这本书获得了贵州省学术著作出版基金会五万元的资助。本书上篇考证帛书《老子》文本，通过具体分析比较，指出今本《老子》篇次颠倒、篇名失真、部分分章与章序失真，甚至平均每十句中竟有一句走样；中篇专门谈"老子术"产生的历史背景与老子术的具体内容；下篇专门谈老子术的源流，即《老子》与《尚书》《易经》及道家、法家、兵家的渊源。也许这就是李学勤先生"重写学术史"中的一个小部分吧？

1998年5月，文物出版社又出版了《郭店楚墓竹简》，其中就有两千多字的《楚简老子》。从此我国有了最接近原本的第三种古《老子》了。如果说帛书本《老子》为太史儋所扩写者，那么楚简本《老子》可能是出自老聃。

有了出版帛书本《老子》研究著作的经验，这一次我直接申请国家课题，居然得到立项，并荣幸得到李学勤先生的赐序。2001年，中华书局出版了我的《楚简老子辨析》。这些年来，不仅蒙李学勤先生指教，而且得到任继愈（国家图书馆馆长）、张松如（原吉林大学副校长）、胡曲园（复旦大学哲学系主任）诸先生的帮助，甚至高龄的高亨先生也用颤抖的笔给予回信。华中师范大学熊铁基主任，安徽大学孙以楷教授、黄友敬先生，还将他们的有关资料借给我。没有这些老前辈无私的传帮带，我不可能啃下古《老子》这块硬骨头。没有他们的提携，我的文章也不可能在京沪两地重要刊物及台湾《中国文化月刊》《大陆杂志》《哲学与文化》等刊物上发表。更使我受益的是美国艺文科学院院士、美籍华人学者何炳棣先生，他在美国读到两本关于《老子》的拙著，赞誉为"极精彩""隔洋深谢"。不久，何先生又赐赠数种他研究《老子》的著作、论文。

由于出土文献越来越多，研究成果层出不穷，尤其是何炳棣先生关于老聃、太史儋的考证，以及对《孙子兵法》先于《老

大家读老子

子》等观点的论证，使我感到帛书《老子》有必要再深入挖掘，因此再次申请到2003年国家社会科学基金立项，2007年5月在商务印书馆出版《帛书老子再疏义》，接着又出版《重识老子与〈老子〉——其人其书其术其演变》。该书经过双匿名的七位专家审读，他们对拙著都给予很高的评价。上述两书都被收入国家社会科学基金文库，三次获得贵州省级奖项。虽然奖金只是几千元、一万元，但我已经十分知足、万分感谢了。

章太炎说："训诂诡奇，非深通小学者莫能理也；其言为救时而发，非深明史事者莫能喻也；而又渊源所渐，或相出入，非合六艺诸史以证之，不能明其流派。"我对四古本的研究，大都与"小学"（《说文》等书）有关，无不与"史事""诸史"相联。章老之教，不敢违也。

同时，我的自学不仅与亲身经历相关，而且与时代需要紧密相关。比如我的《听言、为言、进言、知言》一书，就是在"反右""反右倾"后，我找出从先秦至当时人们对"四言"的经验总结。我三次上书反映粮食、食堂等问题，也是因时而发。我建议出版《四古本综合版〈老子〉》，意在恢复世界最早的政治道德，纠正唐玄宗钦定《老子》错案。

二、本人主要研究领域和研究专长

自1976年开始研究《马王堆汉墓帛书老子》以来，我取得的主要成果包括：

1. 1994年获贵州省出版基金资助，由贵州人民出版社出版

《帛书老子释析》。

2. 1996年获贵州省出版基金资助，由贵州人民出版社出版《帛书老子与老子术》。

3. 2006年贵州人民出版社出版《今本〈老子〉五十七个章中的模糊点》。

4. 2000年获国家社会科学基金立项，由中华书局出版《楚简老子辨析》。

5. 2003年又一次获国家社会科学基金立项，由商务印书馆出版《帛书老子再疏义》。

6.《重识老子与〈老子〉——其人其书其术其演变》，以上两书被收入国家社会科学基金文库。

7. 2010年应香港天地图书公司之约，出版《帛书老子今译》。

8.《听言、为言、进言、知言》，2013年获得贵州省资助，2014年5月由贵州人民出版社出版。

9. 2013年，我的《西汉竹书〈老子〉注释评介今译》，获得国家社会科学基金西部项目2014年立项，经五位专家审核，四位专家肯定，一位专家否定，已交全国社会科学规划办公室成果处审查。

10.《必须推翻唐玄宗钦定〈老子〉错案》一书，已撰就，内容包含在香港《弘道》杂志发表的8篇文章，另有大陆《学术月刊》《中州学刊》等刊发的几篇文章集中成书，等待出版。

11. 发表有关论文170余篇，其中有16篇论文被《人大复印资料·中国哲学》转载，6篇被《新华文摘》转载，在台湾有关刊物发表14篇论文。主要篇目如下：

（1）最先提出审订帛书《老子》篇名、篇次、分章、章序，最先论证帛书老子将成为主要传本的论文：

［1］《〈老子〉原貌当为百章》，《贵州民族学院学报》，1981年第1期。

［2］《从帛书老子看老子原结构布局》，《复旦大学学报》，1987年第2期。

［3］《法家理论指导下形成的国家——周秦国家形式的演变》，《贵州文史论丛》，1988年第四期。《新华文摘》1989年第3期全文转摘。

［4］《〈老子〉古本的分章》，《贵州文史论丛》，1990年第3期。

［5］《恢复老子的原本面目》，《文献》，1992年第3期。

［6］《论马王堆汉墓帛书老子》，台湾《大陆杂志》，1993年第3期，第87卷。

［7］《再论马王堆汉墓帛书老子》，台湾《大陆杂志》，1994年第1期，第89卷。

［8］《帛书与今本老子的优劣》，《传统文化与现代化》，1997年第3期。

［9］《论帛书老子将取代今本老子》，《新华文摘》，1998年第2期（以此题目转载上文）。

［10］《从〈黄老帛书·称〉看〈帛书老子〉的分章点》，《贵州师范大学学报》，1991年第2期。

［11］《根据今、简本〈老子〉，考证与完善帛书〈老子〉

的分章》，待刊。

　　［12］《重写老子其人，重释老子其书》，《新华文摘》
2000年第7期。

　　［13］《简、帛〈老子〉时代印记及作者考》，《学术月
刊》2000年第4期。

　　［14］《王弼本绝非权威本》，此文对陈鼓应先生之《老
子注译及评介》一书中一系列章节的注译提出置疑与商榷，《文
献》2002年第2期。

　　（2）提出一系列关于帛书《老子》"君人南面术"即中国最
早的政治道德的新见：

　　［1］《试论老子的政治道德学说》，吉林《社会科学战
线》，1981年第3期。

　　［2］《利天下而不敢自利之德》（此文驳《哲学研究》的
《论玄德》），《中央党校学报》，2001年第2期。

　　［3］《简、帛〈老子〉论道》，《贵州社会科学》，2001年
第1期。

　　［4］《先秦"善者不多"观》，原载《贵州社会科学》，
《新华文摘》1997年第4期转载。

　　［5］《天子侯王的称谓——孤寡不毂何义》，台湾《孔孟月
刊》，1996年4月第404期。

　　［6］《老子处理政治危机的方略》，台湾《历史月刊》，
1992年第9期。

　　［7］《老子的重农与权谋》，台湾《中国文化月刊》，1994
年第174期。

大家读老子

［8］《老子的政治道德》，《中国哲学史研究》，1994年第3期。

［9］《老子的无为哲学》，《复旦大学学报》，1991年第1期。

［10］《老子的无名思想》，台《哲学与文化》，1992年第223期。

［11］《使夫智者不敢胡为，则无不治矣》，《中州学刊》《人大复印资料》《中国哲学史》，1994年第7期。

［12］《今天论〈老子〉，首先要研究简帛〈老子〉》，《贵州社会科学》2002年第2期。

［13］《〈老子〉〈管子〉的"一"及其发展》，《管子学刊》，1991年第3期。

［14］《〈老子〉的主题是什么？——析"导"德经》，《中州学刊》，2004年第2期。

［15］《黄老见知之道》，《贵州文史论丛》，1993年第3期。

［16］《别误解"民不可使智之"》，《光明日报》，2000年7月18日。

［17］《无为的来由》，《光明日报》，2004年4月13日。

［18］《无为必无名》，《光明日报》，2004年7月6日。

［19］《埋没千古之老子重农思想》，《中州学刊》，2002年第5期。

［20］《老子的导之以德二十一要》，《上海道教》，2002年第3期。

（3）从简、帛《老子》看今本《老子》文义模糊章、句、字：

［1］《关于简、帛〈老子〉假借字的释读》，《中华道学研究集刊》，上海古籍出版社，第5辑（本文发表时经缩写）。

［2］《帛书〈老子〉含义不同之文句》，《道家文化研究》，第10辑。

［3］《一字之差与势治思想脉络》，《上海道教》，2002年第1期。

［4］《古籍整理要吸收简帛研究成果》，《光明日报》，2002年，9月5日。

［5］《简帛佚籍与'上德不德''得一'的破译》，香港《弘道》，2004年第4期。

［6］《〈老子〉绝非作于一人，成于一时——楚简〈老子〉非节选本》《学术界》2005年第3期。

（4）有关老子其人、其书的研究论文：

［1］《重写老子其人，重释〈老子〉其书》，原载《中州学刊》。《新华文摘》，转载于2000年第7期。

［2］《〈史记〉中的老聃与太史儋》，《贵州社会科学》2004年第5期。

［3］《简、帛〈老子〉时代印记及作者考》，《学术月刊》2000年第4期。

［4］《〈老子〉绝非作于一人，成于一时——楚简〈老子〉非节选本》，《学术界》2005年第3期。

［5］《两位老子，两部〈老子〉》，《人民日报》2002年，

大家读老子

4月27日摘发，上海《文汇读书周报》全文发表。

（5）楚简《老子》研究的论文：

［1］《论郭店楚墓竹简〈老子〉》，《文献》，1999年第3期。

［2］《"绝智弃辩"思想的发展与演变》，台湾《中国文化研究》，1999年冬季刊。

［3］《〈楚简老子辨析〉"六论"的创见》，《光明日报》，2003年2月18日。

［4］《惊人之笔、惊人之误、惊人之讹》，《复旦大学学报》，1999年第6期。

［5］《古墓可纠千古之错》，台《历史月刊》，2000年第2期。

（6）深入探索《老子》思想源流之论文：

［1］《道家的无为论》，《中国史研究》1993年第4期，《新华文摘》1994年第2期转载。

［2］《稀言自然与绝学无忧》，《中华道学》1996年号。

［3］《〈老子〉与〈孙子兵法〉的相通》，《贵州社会科学》1992年第4期。

［4］《〈老子〉作为〈尚书〉的继续》，《中国文化研究》1997年第3期。

［5］《〈易经〉之于〈老子〉的影响》，《贵州社会科学》《人大复印资料》《中国哲学史》1997年第12期。

［6］《再论帛书〈老子〉》，《文献》1995年第1期。

［7］《从'势大天下从'到'执柄以处势'》，待刊。

〔8〕《老子术产生的历史背景》，《贵州社会科学》2005年第6期。

（7）有关《老子》一书产生与实践的大历史背景、最直接的理论思想根源：

〔1〕《也谈秦家店的来由及其内涵》，《炎黄春秋》2004年第7期。

〔2〕《中西历史比较再谈"秦家店"》，《炎黄春秋》2004年第10期。

〔3〕《〈老子〉非成于一时，作于一人》，《学术界》，2005年第4期。

〔4〕《秦家店的奠基者商鞅》，《炎黄春秋》，2005年第7期。

〔5〕《秦家店的"郡县制"》，《炎黄春秋》，2005年第10期。

〔6〕《〈老子〉从〈孙子兵法〉中借鉴了些什么？》，《学术月刊》2004年第11期。

（8）有关《听言、为言、进言、知言》的论文与著作：

〔1〕《试论先秦听言为言之道》，台《孔孟月刊》1995年□期。

〔2〕《先秦诸子论为言之道》，沪《学术月刊》1997年第12期。

〔3〕《韩非子进言术》，台《孔孟月刊》1998年第5期。

〔4〕《听言之道》，《贵州社会科学》1999年第4期。

〔5〕《论〈鬼谷子〉游说人主之术——兼谈纵横家》，《烟

台师范学院学报》。

　　［6］《先秦诸子散论言论常态》，《贵州社会科学》2000年第3期。

　　［7］《真正学会听》之一，中央党校《学习时报》2001年7月4日。

　　［8］《真正学会听》之二，中央党校《学习时报》2001年7月16日。

　　［9］《先秦诸子论知言》，《贵州社会科学》1998年第五期，《人大复印资料·中国哲学》1998年第12期。

　　［10］《别误解民"不可使智之"》，《光明日报》2000年7月18日。

　　［11］《也有"海瑞将受上赏"的时代》，《文汇读书周报》2001年5月19日。

　　［12］《韩非子的说难》，上海华东师范大学《诸子学刊》2011年第2期。

　　（9）与著名《老》学者商榷的论文：

　　［1］《〈老子〉的篇名、篇次考——兼与饶宗颐先生商榷》，《文献》1997年第3期。

　　［2］《评高明先生的〈帛书老子校注〉》，《文献》1998年第2期。

　　［3］《也谈楚简〈老子〉其书——与郭沂先生商榷》，《哲学研究》1999年第4期。

　　［4］《也谈简、帛〈老子〉之研究——与黄钊先生商榷》，《中国哲学史》2002年第4期。

［5］《论老子必须验之简帛与历史——与黄克剑、孙熙国先生商榷》，《哲学研究》2003年第1期。

［6］《尹振环先生来信》，《中国哲学史》，2004年第3期。

（10）在《旧书信息报》发表文章近60篇（略）。

三、学界同人对本人治学工作的评价

首先必须详细介绍极为难得和重要的美国艺文科学院院士、高龄美籍华人学者何炳棣先生关于《孙子兵法》《老子》《墨子》的书信，不可能详引了，只引4封：

第一封（2001年5月10日）
《帛书老子释析》考诠每旨玑珠，极惬吾心，钦倾何似

尹振环教授：

您好！我在海外已逾半个世纪，第二次退休以后，才开始较系统地思研中国最古的思想、宗教和制度。

近数年来涉及《孙子》及《老子》，觉得本人见解与士人、时贤迥异，认为《孙子》是两千多年最受冤枉的一位，而《老子》却是最占"便宜"的一位。事实上，如论思想传承则《孙》乃《老》祖！不仅此也，两千年思想轴心，重新分析之下，《孙》的影响甚为深广，只是"儒"家惧诲不敢明言（积久麻木已无此深究意愿）。兹寄奉拙新作"司马谈、迁与老子年代"一文，另则拙论"中国现存最早的私家著述《孙子兵法》"（很容

易地可在《历史研究》1999年5期中看到，兹不航邮寄上），极希严肃教正。

我退休在加州，很多大陆学人重要著作不易看到。尊著《帛书老子释析》数月前始获读，考诠每旨玑珠，极惬吾心，钦倾何似！故有二事奉恳：①无论如何设法平邮寄舍一本尊著（上面说明的），书及邮费务请函示，将由北京三联书店杜非先生代我寄上。我有一书中译本由三联出版，我在三联小有存款。②尊书169页引严遵："万民知主之所务，天下何以安？"此话引自《道德真经指归》那里版本，乞示，卷页亦乞示。我所用台湾影印《怡满堂丛书》本，语句稍有不同，即不如尊引一针见血那么精彩了。务乞函告，至感，至感。即颂

撰祺

何炳棣上　辛巳五月十日

（此信贵州人民出版社2001年5月26日收到，12月31日我女儿到出版社取回）

第二封（2002年1月19日）
深佩功力深重，见解超卓，嘉惠士林多之矣！

振环先生：

欣接本年一月三日惠书及航空卦号寄来的大作《楚简老子辨析》。此书当日即速读一通，翌日又选若干章节细细玩味，深佩功力深重，见解超卓，嘉惠士林多之矣！

但就内中有些命题而论，似不足以判定老子之早，似仍有晚

于《孙》，儒、《墨》之可能。大作断定简本是帛书及今本之更原始本，最近（至少）老子原来面目，则断无可再议。只此一端已是我国学术史上第一等大贡献了。

我已函请清华老同学自北京寄上一册我有关《孙》《老》的三篇论文。"翻案"一文蒙赐读，不久我将再专函讨论与请教。

我即函北京乡友寄上人民币200元充邮费。航卦太贵，不可常。书籍海邮并无不可，早晚会寄到的。《简本》航寄，我能先睹，自然极快、极受益。

我第二次退休（十一年前）始试攻古代思想，冥思孤撰，有无当处，尚乞不吝赐教。颂

撰祺！

何炳棣上

2002年1月19日

（此信2002年1月26日收到）

第三封（2001年1月29日）
《帛书老子与老子术》极精彩，95/100皆同意

振环先生惠鉴：

承赠大作三本，昨日收到。《楚简老子辨析》竟有两本。邮费很高，这是需要由我负担的。昨晚试打电话，老是打不通，不知011—0851—3856897有误否。

《帛书老子与老子术》极精彩，95/100皆同意。但我们必需进一步问：术虽佳，主不用，滥用其权位，如何办法？我们祖先

大家读老子

处处聪明绝顶，就是根本没想到权力集中于一君主，他没有制度上的制裁，遇雄才大略者，国家怎么办。

再河上公注为系西汉，严君平"主为天地，民为草木"仍是不移之论。然否？匆匆，多谢，顺颂

撰祺！

何炳棣

01/29/02

第四封（2002年5月8日）
何老指出：力争出举世公认的标准本《老子》

应考虑你几十年治学之主要目的：对《老子》先后版本作出最精微确切的考订，然后出一综结版，以期被举世公认为标准本，标准参考书。如以此为最大、最实际之目的，则你已作的工作只需要若干细处再修正，全部版本重新排列，作综合的〔辨析〕即可。

2002年5月8日

何炳棣院士属于世界级的学术泰斗，他是这样评价自己的特长与学术品格的："精细，翻案性之高，前无古人。"这话没有夸张。只有如余英时所言"才如大海"的学者，才能做到这一点，和具备这样的自信。这里我仅仅从他15封赐信中，摘出一些使我感到醍醐灌顶的论点，即可窥见一斑了：

1.《孙》乃《老》祖。

2."'道德'在先秦词源上说，就是'君人南面术'"。

3.中国"大学事因缘解迷，要从重建秦史入手，轴心在《孙》《墨》《商》"。

4."发挥《老子》治术好的一面"。

5."真学问迟早会被公认的"。

6."学问千古事，不能急于大翻案公认为正宗"。

7.力争出举世公认的标准本《老子》。

这些，对于中国史学界，尤其是思想史学界，无不句句经典。

从思想史来说，《孙》乃《老》祖，从中国政治史来说，《孙》何尝不是"祖"？《墨》《商》也是"祖"，所以中国的历史要"从重建秦史入手"，"轴心在《孙》《墨》《商》"。这些话耐人寻味、反思。翻翻思想史、中国史吧，我们在"《孙》《墨》《商》"的研究方面做了多少？岂不值得反思、羞愧？当然，"学问千古事"，大翻案的文章哪能急求得公认呢？

其次是原中国社会科学院历史所所长、清华大学历史系教授李学勤先生来信：

第一封

振环先生：

承示大文，十分感谢！但自十二月中旬参加一些会议和工作，不能早复，十分抱歉！大作新意甚多，读后获益不少，您想恢复汉人对《老子》的理解，是很好的，大作希能早日出版，如

能来京，欢迎来历史所一叙，我的电话5016030（科研处），我星期一、二、五上午大多在所，匆此 敬祝

新春安好　并望多赐教！

李学勤上

一九九一年，二月六日

第二封

振环先生：

上次在家相见，获益良多，但此后不闻音讯，想是工作太忙，不暇及此，深为思念。

今检出你还有几篇大稿，存在我处（上次有一篇临时未找出，也查到了）。

您手书复写的，有：

1 别误解了民不畏威奈何以死惧之，

2 帛书老子的反也者道之动也，

3 重农与绝学无忧，

4 管子与道家的无为论，

5 老子孔子的知人及其影响，

6 "不"与"弗"。

复印的有：

7 恢复马王堆汉墓帛书老子的分章

8 需要以帛书老子的篇次章序文字为准，

9 老子对待智者的方略。

我都已拜读过，那些需退回您的，我一定寄呈，请告诉我。

另外，我有您不同地址，有的是党校，有的是麟山信用社，我怕把稿寄去丢失，故先写此信，等您回信，再将大稿璧还。

极希望你的大作早日出版，今将写一推荐信，供使用。

敬望仍经常赐教，有何新著，亦盼赐告。（重点符号系李先生所标。）

专此敬颂

撰安

李学勤上

一九九五年六月廿日

以及1980年10月30日著名诗人、吉林大学副校长张松如先生的赐函：

振环同志：

接读大札，并收到有关老子和韩非子的论著打印稿四份，不胜感激。这些文稿，对我说来，都是非常宝贵的。我一定挤出时间来，仔细阅读、学习；现在粗略翻看，感到大作中提出了许多值得思考的问题，如"老子原貌当为百章""老子性恶论""用唯心唯物讲老子远非要领"，以及"韩非主义——封建君主专制主义"，这些都是很有理论价值的。

目前会议比较多、教学任务也相当紧，四篇大作，放置案头，得暇当即好好阅读。如有意见，容再请教。

我的《老子校读》正在由吉林出版局付印、年内可望出书。——太慢了！

　　匆匆致以敬礼！

张松如

1980.10.30.

长春市东中华路27—2号

更蒙国家图书馆馆长任继愈老先生赐函：

尹振环同志：您好！

　　寄来新著《今本老子五十七个章中的模糊点》收到，容当细读。

　　《老子》及先秦古籍曾有过多种写本流行，传写多歧异，幸有帛书、竹简，可以证明今本老子与古本老子歧字歧义甚多。

　　尊著充分利用新发现的材料，条分缕析，嘉惠学林，厥功甚伟。

　　香港大学刘笑敢教授从不同的侧面整理老子，想已看到，这里不赘。期望有更多的学者关心老子，也是学林盛事。

　　尊著尚未细看，先奉函申谢。附寄《老子绎读》，请指正。

　　此致

　　敬礼

任继愈　2007.7.17.

后 记

对我来说，学习《老子》的入门书，一是上海古籍出版社1978年版任继愈先生的《老子新译》，二是中华书局1986年版的高明先生的《帛书老子校注》。我把《老子》译为白话，许多就是参考任老译本的。但是这两部书，都是《道》上《德》下八十一章的今本《老子》。研究古《老子》的著作，以高明先生《帛书老子校注》最称功力深厚，考订出今本《老子》许多讹误。但他将帛书的分章全部改成今本的分章了。梁启超的《清代考据学》指出，古籍必须"以古为尚"，这两本书却成了"以今为尚"。

后来，我发现今本《老子》是被唐玄宗改编的赝品，至少是半赝品：第一，开元十年（722）下诏，颠倒上下篇次；第二，不是根据文章理路与古文献，而是"法春夏秋冬"，"法金木水火土"，有意制造错误的分章；第三，调整章序；第四，篡改重要文句；第五，诠释不到位，有的属重要隐瞒；第六，唐太宗出身于关陇贵族，与《史记·老子列传》中的李耳，太史儋毫无关系，仅仅因为同姓李，唐玄宗于天宝十三载（754）再上玄元皇帝尊名为"大圣祖高上大道金阙天皇大帝"，吹捧高出天庭。因此，《老子》被唐玄宗弄成了"赝品""半赝品"。何炳棣院士认为"以今为尚"的《老子》，虽在普及《老子》上有功，但作为普及《老子》之读物，应该"弃之如敝屣"。

1994年，我将《帛书老子释析》交付贵州人民出版社出版，副题是"帛书老子将会取代今本老子"。1993年11月，战国楚简

《老子》出土。2001年11月，中华书局出版了由李学勤先生作序的拙著《楚简老子辨析》。2008年2月，商务印书馆出版了我的《重识老子与〈老子〉——其人其书其术其演变》。2012年12月，上海古籍出版社出版了《北京大学藏西汉竹书老子·贰》。2013年年底，我完成了《西汉竹书老子注释评介今译》一书。2014年3月28日，在电话上我向李学勤先生请示："今生有幸、有缘，能连接读到四个最古本无篡改本《老子》，它们都成了否定传世今本《老子》的铁证，因此搞一本四古本综合版《老子》，势在必行。"他说："已有人提出这个方案了。我想你搞这个综合版合适。"于是就产生了这本书，以求教于李老与全国老学家。

年过八旬，老伴颜扫云也已经八十岁了。喜结伉俪以来，生活上全赖她无微不至的关怀，这些年出版或将出版的十五本书，除2001年前出的三本书外，统统都是在她第二次退休后，由她打印的，家务事又大多由她承担。长子尹彦、媳葛亚莎，次子尹辰、媳崔梅，女儿尹雨、女婿陈涛，他们帮助我购书、借书、找资料，我和老伴生活上的衣食住行及遭遇疾病，多是他们照料、帮助。我的《北京大学藏西汉竹书贰〈老子〉》，就是由长孙尹记铭、孙媳钱毅在上海首先买到寄给我的。如果有"军功章"的话，多半要归他们吧？同时更感谢我的恩师何炳棣院士与李学勤先生，没有他们的鼓励、肯定、提携，这一切也是难以完成的。谨此作为由衷永久之志。

尹振环谨记

2014年4月15日

2016年8月22日改定

2018年11月12日又改